DESCRIPTION GENERALE DE L'HOSTEL ROYAL DES INVALIDES

ÉTABLI

Par LOUIS LE GRAND

dans la Plaine de Grenelle

prés Paris.

Avec les Plans, Profils & Elevations de ses Faces, Coupes & Appartemens.

A PARIS,

Chez L'AUTEUR, dans l'Hostel Royal des Invalides.

M. DC. LXXXIII.

AVEC PRIVILEGE DU ROY.

AU ROY.

IRE,

LES ouvrages étonnans que Vostre Majesté fait élever de toutes parts, se distinguent ou par leur splendeur, ou par leur force, ou par l'utilité qu'en reçoit la France : mais

l'Hoſtel des Invalides ſemble ſeul renfermer tous les avantages qui rendent les autres Edifices diverſement recommandables.

En effet, SIRE, ſi l'on regarde ſa ſuperbe ſtructure, ſa vaſte enceinte, & ſon heureuſe ſituation, on diroit qu'il diſpute avec le Louvre pour l'embelliſſement de la première Ville du monde; & ſi l'on conſidere ſon uſage & les grands effets qu'il doit produire dans l'avenir, on reconnoiſt qu'il n'y eut jamais de magnificence plus utile, & que ce ſera un des plus illuſtres monumens de la ſageſſe & de la piété de Voſtre Majeſté, auſſi-bien que de ſa puiſſance & de ſa gloire.

La Poſterité admirera par quelle heroïque prévoyance Voſtre Majeſté, dans le meſme temps qu'elle meditoit ces victorieuſes Campagnes, qui ont fait trembler toute la Terre, preparoit à ſes Soldats le ſoulagement & la fin des travaux où elle alloit les engager. Elle ne s'eſt pas contentée de leur amoindrir les perils, en les cherchant elle-meſme, & d'adoucir leurs fatigues en les partageant avec eux. Elle a voulu, pour les attacher uniquement à bien ſervir, leur oſter l'inquiétude de ce qu'ils deviendroient, quand ils n'en ſeroient plus capables.

Les laſches & les timides n'auront plus ce ſpecieux pretexte qu'ils alleguoient, que les bleſſures pouvant les rendre inutiles, les expoſoient à traiſner une vie languiſſante, ou à ſouffrir une miſere honteuſe; & les braves Soldats ne craindront plus d'eſtre forcez d'employer à la mendicité ces meſmes mains qui auroient remporté de ſi glorieuſes dépouïlles ſur les ennemis de l'Etat.

Ce Conquerant, qui juſques à Voſtre Majeſté, avoit ſurpaſſé tous les autres, ſe ſignala par la tendreſſe qu'il eut pour

ſes

ses vieux Soldats, & les renvoya dans sa Macedoine jouïr d'un repos dont il se privoit luy-mesme. Mais, SIRE, il faut l'avoüer : il n'eut point le secret ni d'affermir ses Conquestes, ni de rendre ses bienfaits immortels, comme Vostre Majesté, qui en donnant cét heureux asyle aux Soldats qui l'ont servie, l'établit en mesme temps pour tous ceux qui serviront la France.

Quelle nouvelle force ce Bastiment, qui ne paroissoit destiné que pour la pompe ou pour le repos, ne va-t-il point ajoûter à vostre Empire ! On nous décrit ces Amphitheatres, qui sont encore les plus beaux restes de la grandeur des Romains, où sous l'apparence des spectacles & des divertissemens, leur Politique songeoit à aguerrir leurs Peuples. Cét Edifice plus superbe, mais plus innocent que les leurs, fera par des moyens doux & pieux, ce qu'ils cherchoient par des voyes inhumaines & profanes. Au lieu des Gladiateurs, qu'ils obligeoient à se massacrer impitoyablement, ces Invalides entretenus avec tant de soin, enflammeront le cœur de vos autres Sujets, & vous en feront des Soldats, en leur montrant les precieuses marques de vostre bonté Royale. Mais, SIRE, dans ce pompeux asyle, où vous leur faites oublier les peines qui suivent la profession des armes, vous rendez encore un éclatant hommage au Dieu des Armées, par cette somptueuse Eglise que vous luy consacrez.

C'est là que vos Soldats apprennent à desirer une autre gloire & d'autres biens que ceux qu'ils cherchoient parmi tant de perils. C'est là, qu'aprés s'estre exercez avec tant de succés dans la discipline militaire, ils sont instruits dans la discipline Chrestienne.

Ainsi ces mesmes hommes qui sembloient tout-à-fait

inutiles deviennent de nouveaux Athletes propres à conquerir le ciel, & sont comme une milice sacrée qui combat encore pour Vostre Majesté par ses benedictions & par ses priéres. L'employ dont j'ay esté honoré, m'en a rendu le témoin pendant plusieurs années; & je seconde leurs vœux avec tout le Zele & toute l'ardeur qu'est obligé d'avoir pour le plus sage & le plus grand Roy du monde,

SIRE,

DE VOSTRE MAJESTÉ

Le tres-humble, tres-obeïssant, &
tres-fidéle serviteur & sujet,
LE JEUNE DE BOULENCOURT.

AU LECTEUR.

ON ne doute pas que la grandeur du dessein, & la promptitude de l'execution de l'Hostel Royal des Invalides, l'utilité de sa fondation, la magnificence de cét Edifice, la sage œconomie qu'on observe dans cette Maison, & la vûë d'un ouvrage digne de la puissance du plus grand de nos Rois, n'ayent attiré l'admiration de tous ceux qui ont eu le plaisir de voir ce superbe Bastiment. Ce qu'ils en ont publié, a fait naistre de la curiosité dans les autres Nations, & obligé un grand Roy voisin & quelques autres Princes étrangers de souhaiter d'en avoir les plans & une fidéle description. Sa Majesté en ayant esté avertie, ordonna aussi-tost à l'Administrateur General de faire travailler à ces ouvrages. On les envoya dés qu'ils furent achevez : ce qui donna lieu à celuy qui avoit esté chargé de ce soin, de demander le privilege de faire graver & imprimer tous ces Desseins, afin de pouvoir satisfaire l'envie & la curiosité d'un chacun, sur tout des Nations un peu éloignées qui souhaitent connoistre la verité de ce grand ouvrage. Il a donc tasché de representer cét Edifice dans toutes les vûës que la Geometrie & la Perspective peuvent fournir, & en a fait graver divers Plans, dont l'exactitude & la beauté sont capables de satisfaire les Curieux. Mais comme tous ces Plans, quelque exacts qu'ils soient, ne peuvent expliquer entiérement les choses qui concernent cét Hostel, on y a joint un Discours divisé en deux Parties.

La premiére traitant de la structure de ce Bastiment, en explique d'abord l'origine, l'établissement & la situation. Elle décrit ensuite les faces du dehors & du dedans de cét Edifice, & descend enfin dans le détail de chacun de ses étages & de ses principales parties.

La seconde qui regarde le gouvernement & l'administration de la Maison, traite des fonctions de ses Officiers Superieurs & Inferieurs, de ses reglemens, & enfin de l'entretenement & des exercices des Invalides. L'on assûre le Lecteur, qu'il n'a pas vû jusqu'à present d'ouvrage qui represente aucuns Edifices avec autant de justesse & aussi naturellement, comme ces Plans font l'Hostel Royal des Invalides.

Il y a encore une grande Planche que l'on donne en particulier, de la vûë generale en perspective de cét Hostel, avec toutes ses allées, dépendances & environs, depuis le Cours de la Reine jusques où peut aller la vûë sur l'Horizon.

SUR

L'HOSTEL ROYAL

DES INVALIDES.

QUEL *miracle soudain fait dans ces prez charmans*
Naistre ce grand Palais, ces longs Appartemens?
D'un regard étonné la Seine les découvre,
Et doute quelque temps, si c'est un nouveau Louvre:
Si dans ces murs hautains, dans ce vaste contour,
Ou des Rois, ou des Dieux vont faire leur sejour.
C'est là, Peuples, c'est là qu'un Monarque invincible,
Vray Pere des Soldats, à leurs travaux sensible,
Comme il a partagé leur sort laborieux,
Leur fait part à son tour de son sort glorieux.
Il change en un moment par ses bontez propices,
Leur fatigue en repos, & leurs maux en delices:
Leurs membres mutilez, triste marque d'honneur,
Sont des sources pour eux de joye & de bonheur.
Dans un heureux loisir, leurs tranquilles pensées
Se font de doux plaisirs de leurs peines passées:
Ou si quelque douleur peut troubler ce repos,
C'est de ne suivre plus les pas de ce Heros.
L'un d'une belle ardeur l'ame encore touchée,
Décrit comment LOUIS *ordonnoit la tranchée;*
Du geste, de la voix, d'un regard seulement
Donnoit à tous les Corps l'ordre & le mouvement.
L'autre dit les bienfaits de sa main liberale.
L'autre repete un mot de sa bouche Royale.
Emûs par ces objets à chercher les combats,
Ils semblent retrouver des jambes & des bras,
Rentrer tout de nouveau dans les champs de la Gloire,
Suivre encore LOUIS *de victoire en victoire:*
Et les jours & les mois sont plûtost écoulez,
Qu'ils ne peuvent compter tant d'exploits signalez.

DESCRIPTION

R. B. del. et f.

DESCRIPTION GENERALE DE L'HOSTEL ROYAL DES INVALIDES.

PREMIERE PARTIE.

CHAPITRE PREMIER.

L'établissement de l'Hostel Royal des Invalides.

PRE'S que nostre invincible Monarque eut en une seule campagne réduit sous son obéïssance un grand nombre de Villes & de Places considerables, & donné la paix à ses Peuples par le Traité qui en fut signé à Aix-la-Chapelle ; sa Majesté en voulut faire goûter les avantages à ceux qui aux dépens de leur sang & au peril de leur vie, avoient le plus contribué à ce glorieux repos dont jouïssoit le Royaume. C'est ce qui porta ce grand Prince, par une bonté digne du plus Chrétien, du plus sage & du plus puissant Roy du monde, à s'appliquer non seulement à réparer les maux que les guerres avoient causez, mais aussi à pourvoir aux besoins des Officiers & des Soldats, que le sort des armes ou le temps mettroit dans la suite hors d'état de servir : sa Majesté ne pouvant souffrir, que des Guerriers qui auroient par de genereux efforts aidé à gagner des Batailles, à prendre des Places sur les ennemis, & à défendre nos Frontiéres, se trouvassent sans secours, exposez aux fâcheuses suites de l'indigence, au mépris des peuples, & aux incommoditez de leurs blessures ou de leur vieillesse. Et comme la sagesse de ce Monarque s'accorde toûjours si bien avec sa bonté, que le soulagement qu'il donne aux uns, n'incommode jamais les autres, & que les prodigieuses dépenses qu'il fait pour la sûreté publique & pour l'embellissement, ne diminuë point les richesses des particuliers & l'opulence de son Peuple ; il trouva dans les thresors de cette profonde sagesse, le secret d'entretenir dignement un aussi grand nombre d'Officiers & de Soldats, que les guerres qu'il est obligé de soûtenir, auroient mis, ou pourroient mettre hors d'état de continuer une profession si glorieuse : de sorte que ce Grand Roy, sans aucune nouvelle imposition, sans que les particuliers souffrissent le moindre dommage, en corrigeant seulement les abus qui se commettoient depuis long-temps à l'égard des Moines-Lais, les réünit tous à l'Hôtel des Invalides, en y joignant deux deniers pour livre, au lieu de six que l'on prenoit autrefois pour les aumosnes *, sur la dépense qui se fait dans l'Extraordinaire des Guerres du Royaume. Sa Majesté en fit un fonds & des revenus suffisans pour l'établissement d'un projet que les Rois ses Predecesseurs avoient plusieurs fois tenté sans aucun succés, & dont l'accomplissement estoit reservé à la force d'une prudence qui ne sçait triompher des plus grandes difficultez, que par les moyens les plus doux & les plus faciles.

** Droits qui estoient autrefois attribuez à la Charge de Colonel General de l'Infanterie de France.*

Sa Majesté fit un Edit en l'année 1674. pour l'execution de ce grand dessein ; & cét Edit estant le fondement du grand Ouvrage dont nous traitons icy, & pouvant servir de preuve authentique à tous les Peuples, de la prudence & de la liberalité de nostre Monarque ; on a crû qu'il ne seroit pas inutile d'en inserer icy la teneur.

Edit d'établissement de l'Hôtel des Invalides.

LOUIS PAR LA GRACE DE DIEU ROY DE FRANCE ET DE NAVARRE, A tous presens & à venir, SALUT. La Paix qu'il plût à Dieu de Nous donner vers la fin de l'année 1659. & qui fut concluë aux Pyrenées entre Nous & le Roy Catholique, ayant rétabli pour lors le repos presque dans toute la Chrétienté, & Nous ayant délivrez des soins que Nous estions obligez de prendre pour la conservation de nostre Etat, & de veiller au dehors à nous opposer aux entreprises que nos Ennemis y pouvoient faire : Nous n'aurions eu d'autre application pendant que ladite Paix a duré, que de songer à réparer au dedans d'iceluy les maux que la Guerre y avoit causez, & de corriger les abus qui s'estoient introduits dans la plusspart de tous les Ordres ; ce qui a eu tout le succés, que Nous en pouvions esperer. Et comme pour accomplir un dessein si utile & si avantageux, Nous avons estimé qu'il n'estoit pas moins digne de nostre piété, que de nostre justice, de tirer hors de la misere & de la mendicité les pauvres Officiers & Soldats de nos Troupes, qui ayant vieilli dans le service, ou qui dans les Guerres passées ayant esté estropiez, estoient non seulement hors d'état de continuer à Nous en rendre, mais aussi de rien faire pour pouvoir vivre &

ſubſiſter; & qu'il eſtoit bien raiſonnable que ceux qui ont expoſé librement leur vie, & prodigué leur ſang pour la défenſe & le ſoûtien de cette Monarchie, & qui ont ſi utilement contribué au gain des Batailles que Nous avons remportées ſur nos Ennemis, aux priſes de leurs Places, & à la défenſe des noſtres, & qui par leur vigoureuſe reſiſtance & leurs genereux efforts les ont réduits ſouvent à Nous demander la Paix; joüiſſent du repos qu'ils ont aſſûré à nos autres Sujets, & paſſent le reſte de leurs jours en tranquillité. Conſiderans auſſi que rien n'eſt plus capable de détourner ceux qui auroient la volonté de porter les armes, d'embraſſer cette profeſſion, que de voir la méchante condition où ſe trouveroient réduits la pluſpart de ceux qui s'y eſtant engagez, & n'ayant point de bien, y auroient vieilli, ou eſté eſtropiez, ſi l'on n'avoit ſoin de leur ſubſiſtance & entretenement : Nous avons pris reſolution d'y pourvoir. Et quoy-que Nous ayons cy-devant taſché d'adoucir la miſere deſdits eſtropiez, ſoit en leur accordant des places de Religieux-Lais dans les Abbayes & Prieurez de noſtre Royaume, qui de tout temps leur ont eſté affectées, ſoit en les envoyant, comme Nous avions fait, dans nos Places frontiéres, pour y ſubſiſter & y eſtre entretenus au moyen de la ſolde que Nous leur avions ordonnée, ainſi qu'aux autres Soldats de nos Troupes : neanmoins comme il eſt arrivé que la pluſpart deſdits Soldats preferant la liberté de vaguer, à tous ces avantages, aprés avoir les uns composé & traité deſdites places de Religieux-Lais dont ils eſtoient pourvûs, les autres quitté & deſerté leſdites Places frontiéres, ſont retombez dans leur premiére miſere; Nous aurions jugé à propos pour apporter reméde à ce mal, de recourir à d'autres moyens. Et aprés en avoir fait examiner pluſieurs qui Nous ont eſté propoſez ſur ce ſujet, Nous n'en avons pas trouvé de meilleur que celuy de faire baſtir & conſtruire en quelque endroit commode, & proche de noſtre bonne ville de Paris, un Hoſtel Royal, d'une grandeur & eſpace capable d'y recevoir & loger tous les Officiers & Soldats, tant eſtropiez, que vieux & caducs de nos Troupes, & d'y affecter un fonds ſuffiſant pour leur ſubſiſtance & entretenement. A l'effet de quoy, & pour ſuivre un ſi pieux & loüable deſſein, & mettre la derniére main à un ouvrage ſi utile & ſi important, Nous avons donné nos ordres pour faire baſtir & édifier ledit Hoſtel Royal, au bout du Faux-bourg Saint Germain de noſtre bonne ville de Paris, à la conſtruction duquel l'on travaille inceſſamment, au moyen du fonds de deux deniers pour livre, que par Arreſt de noſtre Conſeil d'Etat du 12. Mars 1670. Nous avons ordonné aux Threſoriers, tant de l'Ordinaire, que de l'Extraordinaire de la Guerre & Cavalerie Legere, de retenir par leurs mains, ſur toutes les dépenſes generalement qu'ils feront du maniement des deniers de leurs Charges, pour eſtre ce fonds de deux deniers pour livre employé, tant à la conſtruction dudit Hoſtel, qu'à le meubler convenablement. De ſorte que ledit Hoſtel eſtant déja fort avancé, & preſqu'en état de loger leſdits eſtropiez, vieux & caducs, il ne reſte plus qu'à pourvoir à les y faire ſubſiſter commodément, & aux autres choſes concernans le bon ordre & diſcipline que Nous deſirons eſtre gardez dans ledit Hoſtel: SçAVOIR FAISONS, que pour ces cauſes, aprés avoir fait mettre cette affaire en déliberation en noſtre Conſeil, Nous de l'avis d'iceluy, & de noſtre grace ſpeciale, pleine puiſſance & autorité Royale, avons par ce preſent Edit perpetuel & irrevocable, fondé, établi & affecté, fondons, établiſſons & affectons à perpetuité ledit

Hostel Royal, que Nous avons qualifié du titre des Invalides, lequel Nous faisons construire au bout dudit Faux-bourg Saint Germain de nostredite ville de Paris, pour le logement, subsistance & entretenement de tous les pauvres Officiers & Soldats de nos Troupes, qui ont esté & seront estropiez, ou qui ayant vieilli dans le service en icelles, ne seront plus capables de Nous en rendre: duquel Hostel comme Fondateur, Nous voulons estre aussi le Protecteur & Conservateur immediat, sans qu'il dépende d'aucun de nos Officiers, & soit sujet à la visite & jurisdiction de nostre Grand Aumônier, ni autres. Et afin que ledit Hostel Royal soit dotté d'un revenu suffisant & assûré, qui ne puisse jamais manquer pour la subsistance & entretenement dans iceluy desdits Officiers & Soldats invalides, Nous y avons affecté & affectons à perpetuité par ce present Edit, tous les deniers provenans des pensions des places des Religieux-Lais des Abbayes & Prieurez de nostre Royaume, qui en peuvent & doivent porter, selon & ainsi qu'il a esté par Nous reglé, tant par nostre Declaration du mois de Janvier 1670. que par les Arrests de nostre Conseil d'Etat des 24. Janvier audit an 1670. & 27. Avril 1672. Et dautant que nous sommes bien informez, que le nombre des Officiers & Soldats estropiez, vieux & caducs, est fort grand; & que ne pouvant manquer (la Guerre ouverte comme elle est) qu'il n'augmente considerablement, & qu'ainsi le fonds provenant des pensions desdits Religieux-Lais, ne seroit pas suffisant pour leur subsistance & entretenement, en sorte qu'il est necessaire d'y pourvoir encore d'ailleurs: Pour soûtenir un établissement si utile, & empécher que faute de fonds il ne vienne à manquer, Nous y avons d'abondant & de la mesme autorité que dessus, affecté & affectons pour toûjours celuy qui proviendra aussi des deux deniers pour livre de tous les payemens qui seront faits par les Thresoriers Generaux de l'Ordinaire & Extraordinaire de nos Guerres & Cavalerie Legere, à cause de leursdites Charges, & par celuy de l'Artillerie, aprés que ce qui sera necessaire, tant pour achever la construction dudit Hostel des Invalides, & le mettre en sa perfection, que pour l'achat des meubles & autres choses qu'il conviendra dans iceluy pour le rendre habitable, aura esté employé. Voulons & entendons qu'au moyen dudit Hostel Royal, & des fonds cy-dessus dont Nous l'avons dotté, tous les Officiers & Soldats estropiez, vieux & caducs de nos Troupes, soient logez, nourris & vestus, leur vie durant, dans iceluy. Que comme ledit Hostel n'estant destiné que pour le logement, subsistance & entretenement desdits Officiers & Soldats estropiez & invalides, le fonds cy-dessus mentionné dont Nous l'avons dotté, est suffisant pour y subvenir; Nous voulons qu'il ne puisse estre reçû ny accepté pour ledit Hostel aucunes fondations, dons & gratifications qui pourroient luy estre faites par quelques personnes, & pour quelque cause, & sous quelque pretexte que ce soit. Comme aussi qu'il ne puisse estre fait pour iceluy aucune acquisition d'heritages, ny autres biens immeubles quelconques, sinon les heritages des environs dudit Hostel, & qui y sont contigus, lesquels seront jugez necessaires pour la plus grande commodité, utilité, embellissement, & pour conserver les vûës d'iceluy; & ce en payant la juste valeur d'iceux, suivant l'estimation qui en sera faite, en cas que les propriétaires desdits heritages voisins fissent refus d'en traiter à l'amiable. Défendons tres-expressément toutes autres acquisitions, gratifications ou donations qui pourroient luy estre appliquées, & declarons dés

à

à present comme pour lors, tous les contracts, & autres actes qui seroient faits & passez au préjudice de ce, nuls & de nul effet & valeur. Lequel Hostel, ensemble les terres & lieux estans dans l'enceinte d'iceluy, & qui y sont contigus & sont de sa dépendance, Nous avons amortis & amortissons par ce present Edit, comme aussi ce qui pourra estre cy-aprés acquis de proche en proche, pour la commodité & embellissement dudit Hostel, comme il est dit cy-dessus, sans que pour raison de ce on soit tenu de Nous payer aucun droit d'amortissement, ny mesme aucune indemnité, lods & ventes, quints & requints, rachats, ny relief pour ce qui se trouvera mouvant de Nous, & en censive de nostre Domaine, nonobstant toutes aliénations & engagemens, sans aussi payer franc-fiefs & nouveaux acquests, ban ou arriéreban, taxes ny autres droits quelconques, qui Nous sont ou pourront estre dûs, dont Nous déchargeons ledit Hostel, & en tant que besoin est ou seroit, luy en avons dés à present, comme pour lors, fait & faisons don; quoyque le tout ne soit si particuliérement exprimé ny encore échû, nonobstant toutes Loix & Ordonnances à ce contraires, ausquelles pour ce regard Nous avons derogé & derogeons: à la charge toutefois d'indemniser les Seigneurs particuliers, de qui les heritages ainsi acquis seront mouvans & relevans, de ce qui leur sera ou pourra estre dû, pour raison dudit amortissement. Declarons pareillement ledit Hostel exempt de tous droits de Guet, Garde & Fortifications, Fermetures de Ville & Fauxbourgs, & generalement de toutes contributions publiques & particuliéres, telles qu'elles puissent estre; quoyqu'aussi non exprimées par ce present Edit, pour de toutes lesdites exemptions joüir par ledit Hostel entiérement & sans reserve. Et dautant que le bon ordre que Nous voulons toûjours estre gardé dans ledit Hostel Royal, dépendra principalement du soin du Directeur & Administrateur General d'iceluy; & que pour cette fin il est important de ne confier cette Charge qu'à une personne d'autorité & de dignité convenable: Nous avons pour ce sujet resolu de Nous en reposer sur celuy de nos Secretaires d'Etat & de nos Commandemens, qui a & aura cy-aprés le Département de la Guerre, lequel en ladite qualité de Directeur & Administrateur General dudit Hostel, aura le pouvoir de faire & executer tout ce qu'il estimera necessaire & à propos pour le maintien de la discipline & du bon regime en iceluy. A l'effet de quoy Nous voulons & entendons, que chaque mois il soit tenu par ledit Directeur & Administrateur General une Assemblée dans ledit Hostel, en laquelle pourront assister le Colonel du Regiment de nos Gardes Françoises, le Lieutenant Colonel, & le Sergent Major d'iceluy, & les Colonels des six Vieux Corps de nostre Infanterie, comme aussi le Colonel General de nostre Cavalerie Legere, le Mestre de Camp General, & le Commissaire General d'icelle, & le Colonel General des Dragons, pour tenir un Conseil, & en iceluy voir & aviser aux Statuts, Reglemens & Ordonnances qu'il sera à propos de faire, tant pour la jurisdiction, police, discipline, correction & chastiment de ceux qui tomberont en faute, que pour la bonne administration & gouvernement dudit Hostel. Que si il arrive quelque difficulté sur le fait desdits Statuts, Reglemens & Ordonnances, soit pour l'explication, soit pour l'execution & observation d'icelles; Nous entendons qu'elles soient levées & décidées à la pluralité des voix par ceux qui assisteront audit Conseil, lesquels aussi-bien que le Directeur & Administrateur General, ne pourront prétendre aucuns gages ny appointemens, &

seront tenus de donner leurs soins charitablement pour le bien & avantage de la Maison. Que comme à l'occasion de l'établissement dudit Hostel plusieurs personnes qui ne seroient pas de la qualité requise, pourroient par supposition, surprise, ou autrement, y entrer & joüir indûëment de la mesme grace que ceux pour qui elle est destinée, & qu'il importe d'empescher tous abus sur ce sujet; Nous ordonnons que nul ne pourra estre reçû ny admis dans ledit Hostel, qu'aprés que les certificats qu'il rapportera de ses services, auront esté presentez audit Conseil, qu'ils auront esté vûs & examinez en iceluy, & y auront esté jugez bons & valables. Et dautant que Nous avons cy-devant fait soigneusement examiner les certificats de ceux qui avoient servi dans les Guerres passées, & qui se sont trouvez avoir les qualitez requises pour estre reçûs dans ledit Hostel; Nous défendons à ceux qui assisteront audit Conseil, d'admettre doresnavant aucun Officier ny Soldat invalide dans ledit Hostel, sinon ceux qui serviront actuellement dans les Troupes que Nous avons presentement & aurons cy-aprés sur pied. Quant aux Officiers, Serviteurs & Domestiques qui devront estre employez dans ledit Hostel pour le secours & assistance des Invalides; Nous avons donné & donnons pouvoir & faculté audit Directeur & Administrateur General de nommer & Nous presenter pour cette fin ceux qu'il trouvera les plus capables, & qu'il jugera necessaires d'y estre établis, comme Gouverneur & Aumosnier, Chapelain, Receveur, Contrôlleur, Medecin, Apothicaire & Chirurgien, & autres, lesquels seront reçûs & admis dans les fonctions de leurs Charges en vertu des Provisions ou Brevets que Nous leur ferons expedier sur la nomination & presentation dudit Directeur & Administrateur General, lequel pourra aussi établir dans ledit Hostel les serviteurs, valets & autres domestiques qu'il conviendra, & les destituer à sa volonté. Voulons que les Medecins ainsi établis joüissent des mesmes honneurs & privileges, que font les Medecins ordinaires de nostre Maison. Voulons aussi que le principal Chirurgien qui servira dans ledit Hostel, acquiére & gagne sa Maistrise en nostre bonne Ville & Fauxbourgs de Paris, aprés avoir servi & travaillé dans ledit Hostel durant le temps & espace de six ans consecutifs, lesquels Nous voulons courir à l'égard de celuy qui sert presentement dans ledit Hostel, du jour qu'il y est entré, & que lesdits Chirurgiens joüissent des mesmes droits & privileges que les autres Maistres, lesquels seront tenus de les recevoir comme reputez suffisans & capables, sur le certificat qui leur sera donné par ledit Directeur & Administrateur General, sans qu'ils soient obligez de subir aucun examen, ny faire aucuns frais pour estre reçûs à ladite Maistrise: & si lesdits Maistres differoient de les recevoir, Nous leur permettons par ces Presentes de tenir Boutique; & entendons que du jour qu'ils auront esté presentez ausdits Maistres pour estre reçûs, ils joüissent des droits de seance & de tous autres, tout ainsi que s'ils avoient esté reçûs par le Corps de l'Art de Chirurgie: faisans défenses ausdits Maistres de les empescher ny troubler dans l'exercice d'iceluy, à peine de trois cens livres d'amende; & à l'égard des Artisans qui travailleront dans ledit Hostel, qu'ils ne puissent estre sujets à visites de Maistres ou Jurez, ny recherchez & inquiétez pour tous les ouvrages & manufactures qu'ils feront dans ledit Hostel pour l'usage, utilité & service d'iceluy seulement. Quant à ce qui regarde le maniement des fonds destinez pour l'entretenement dudit Hostel; Nous voulons & entendons qu'ils soient mis és mains du Receveur d'iceluy, pour estre par luy employez, suivant & conformément aux Etats & Ordonnances qui en seront expediées par le Directeur & Administrateur General dudit Hostel, & qu'à la fin de chaque année il soit fait une Assemblée dans ledit Hostel pour examiner, clorre & arrester le compte general de la recepte & dépense qui aura esté faite durant ladite année pour ledit Hostel, par le Receveur d'iceluy, suivant lesdits Etats & Ordonnances: à laquelle Assemblée outre les susnommez qui ont droit de se trouver audit Hostel chacun mois, tous les Colonels, Mestres de Camp & les Lieutenans Colonels des Regimens tant d'Infanterie que de Cavalerie & Dragons, qui se trouveront pour lors à Paris, pourront assister, sans que ledit Receveur soit tenu de compter devant d'autres que pardevant ceux qui se trouveront en ladite Assemblée à la fin de chacune année: Voulans que les comptes qu'il presentera à ladite Assemblée, & seront arrestez en icelle, luy servent de décharge valable de son maniement, par tout où il appartiendra. Que si par l'arresté desdits comptes il se trouve des deniers revenans bons, Nous entendons qu'il n'en puisse estre disposé que par nos ordres exprés, Nous reservant en ce cas de les appliquer en gratifications en faveur des Officiers de nos Troupes qui auront esté estropiez, ou se seront signalez pardessus les autres, selon & ainsi que Nous estimerons à propos. Et parce qu'il est bien raisonnable d'accorder quelque affranchissement audit Hostel, vû la destination d'iceluy, Nous voulons & entendons qu'il jouïsse du droit de Franc-salé, pour le sel necessaire à la provision d'iceluy, jusques à la concurrence de trente minots par chacun an, à prendre au Grenier de nostre ville de Paris, dont Nous voulons que le Bail general de nos Gabelles soit chargé, sans qu'il en soit payé aucune chose que le prix du Marchand; comme aussi de l'exemption & affranchissement de tous droits d'Entrée, d'Aide & autres quelconques, pour la quantité de trois cens muids de vin, le tout sur les certificats dudit Directeur & Administrateur General; & ce nonobstant qu'il soit porté par nos Edits, Declarations & Arrests, que lesdits droits seront payez par les privilegiez & non privilegiez, exempts & non exempts, à quoy Nous avons pour ce regard derogé & derogeons par ce present Edit, & sans tirer à consequence. SI DONNONS EN MANDEMENT à nos amez & feaux les Gens tenans nostre Cour de Parlement de Paris, Chambre des Comptes & Cour des Aides audit lieu, Presidens & Thresoriers Generaux de France au Bureau de nos Finances établi audit Paris, que ce present Edit ils ayent à faire lire & enregistrer, & le contenu en iceluy garder, faire garder & observer inviolablement, selon sa forme & teneur, sans permettre qu'il y soit contrevenu en quelque sorte & maniére, & pour quelque cause, & sous quelque pretexte que ce puisse estre: CAR TEL EST NOSTRE PLAISIR. Et afin que ce soit chose ferme & stable à toûjours, Nous avons fait mettre nostre seel à cesdites Presentes, sauf en autres choses nôtre droit, & l'autruy en toutes. DONNE' à Versailles au mois d'Avril l'an de grace 1674. & de nostre Regne le trente-uniéme. Signé, LOUIS. Et plus bas: Par le Roy, LE TELLIER. *Visa*, DALIGRE.

Registrées, ouï, & ce requerant le Procureur General du Roy, pour estre executées selon leur forme & teneur, suivant l'Arrest de ce jour. A Paris en Parlement le 5. Juin 1674. Signé, DONGOIS.

Registrées en la Cour des Aides, oüi le Procureur General du Roy, pour estre executées selon leur forme & teneur. A Paris le 9. jour de Juin 1674. Signé, BOUCHER.

Registré és Registres du Grand Conseil du Roy, suivant l'Arrest ce jourd'huy donné en iceluy. A Paris le 28. Juin 1674. Signé, LE NORMAND.

Registré au Bureau des Finances de la Generalité de Paris, du consentement du Procureur du Roy, pour estre executé selon sa forme & teneur, suivant nostre Ordonnance de ce jour 9. Juillet 1674. Signé, *Par mesdits Sieurs,* LE DROIT.

Registrées en la Chambre des Comptes, ce requerant le Procureur General du Roy, pour avoir lieu & estre executées selon leur forme & teneur, les Bureaux estant assemblez, le 18. jour d'Aoust 1674. Signé, RICHER.

CHAPITRE II.

De la situation & des dehors de cét Hostel.

L'HOSTEL Royal des Invalides est situé à l'extrémité du Fauxbourg Saint Germain, dans un lieu spacieux, qui n'est resserré ny borné d'aucune hauteur, assis sur un terrain un peu élevé, presque au milieu de la Plaine de Grenelle. La grande face est vers le Septentrion, & conduit par une chaussée de dix toises de large, & de deux cens soixante de long, jusques au bord de la riviére de Seine. Il est environné d'un paysage qui rend sa situation aussi agreable, que l'air qu'on y respire, la rend salutaire.

Il y a une grande Place faite en demi-lune au devant de l'entrée de l'avant-court, où l'on entre par une porte de fer d'un tres-beau travail, aux deux costez de laquelle sont deux Pavillons qui servent de corps-de-garde, enrichis d'un Monde fleurdelisé avec la devise du Roy & de plusieurs trophées d'armes.

Cette avant-court est environnée d'un large fossé, profond & gazonné, revestu de deux gros murs de pierre de taille, élevez à hauteur d'appuy, dont l'un soûtient le panchant de la court, & l'autre borde ses dehors.

On voit dans cette avant-court quatre petites guerittes posées aux quatre coins du dedans, où il y a toûjours quatre sentinelles: & c'est dés l'entrée de cette avant-court que paroist la grande face de ce majestueux Bastiment, comme l'on peut voir dans les trois Planches suivantes marquées A. B. C.

La premiére A. est le plan general de l'Hostel & de ses dépendances. On appelle cette maniére de plan, fait à vûë d'oiseau, parce qu'on suppose qu'un homme estant élevé à la hauteur du vol d'un oiseau, ne peut voir les objets qu'en petit, & par leur superficie; & l'on s'est servi icy de cette espece de plans, afin de pouvoir plus aisément reduire plusieurs choses tres-vastes en peu d'espace, & representer dans une seule feüille de papier cét Hostel, ses avenuës & toutes ses dépendances, dont on sera parfaitement instruit par l'explication qui est à chaque chiffre de ce mesme plan.

La

La seconde B. & la troisiéme C. sont les vûës generales en perspectives des élevations de ses corps-de-logis, tant du dedans de ses Courts, que des dehors.

CHAPITRE III.

Description particuliére des differentes faces du dehors de ce Bastiment, en trois Planches.

CELLE qui est marquée D. represente le profil & élevation de la principale entrée du costé du Septentrion, qui fait face à la Riviére, & qui fait remarquer d'un seul coup d'œil la symmetrie & la beauté de tous les étages, avec les Pavillons aux extrémitez, les avants-corps d'espace en espace, aussi-bien que la majesté du grand Portail, qui est au milieu, soûtenu d'un ordre Ionique, & qui s'élevant jusques au comble, étale avec pompe les plus justes proportions de la symmetrie & les plus riches ornemens de la sculpture, dont le plus beau est une statuë beaucoup plus grande que nature, où le Roy paroist à cheval. L'on voit aussi au bas de cette Planche le plan geométral du rez de chaussée, sur lequel cette face est élevée.

La Planche marquée E. fait voir l'élevation de la face du derriére de cét Edifice, le Portail & le Dome de la grande Eglise tournée du costé du Midy, & une partie des Infirmeries. Le Portail de cette Eglise se fait admirer dans tous les ordres qui le composent.

La Planche marquée F. est une élevation qui fait voir la face de cét Edifice du costé de l'Orient, où l'on découvre la double Eglise, les Infirmeries qui n'ont que deux étages, & les trois corps-de-logis qui sont entre les quatre Pavillons. Cette face regarde directement Paris, & fait assez connoistre que la face opposée qui regarde Meudon & Saint Cloud, est toute semblable : c'est pourquoy l'on n'a pas jugé qu'il fust besoin d'en donner icy une élevation particuliére.

CHAPITRE IV.

Des faces du dedans du Bastiment, en cinq Planches marquées G. H. I. K. L.

COMME on ne se contente pas d'ordinaire de voir les dehors d'un Edifice, & que ces beautez exterieures semblent n'estre faites que pour exciter les Curieux à considerer celles du dedans, l'ordre des choses veut qu'aprés avoir parlé de tous les dehors de l'Hostel Royal des Invalides, nous disions quelque chose de tout ce qu'on voit au dedans de ce superbe Edifice. En entrant donc dans cette Maison par le grand Portail, on se trouve dans une grande Court, qu'on nomme *la Court Royale*, à cause de sa beauté. On y compte quatre-vingts portiques qui en soûtiennent quatre-vingts autres, pour former de grandes galleries qui peuvent servir d'une promenade tres-agreable en tout temps ; & l'on y admire plusieurs beaux ouvrages de sculpture, entre lesquels quatre grands Colosses posez sur des angles saillans, peuvent disputer de beauté avec les ouvrages les plus vantez de l'Antiquité. Cette Court a quatre autres Courts moins ſpacieuſes à ſes coſtez, qui toutes eſtant diſtinguées & environnées de differens corps-de-logis, forment ce grand Carré de l'Hoſtel, dont les angles ſont flanquez de quatre gros Pavillons, & le milieu ſoûtenu par trois Perrons avancez, qui ont ſix marches chacun : & l'on remarque dans le fond de cette grande Court le Portail de l'Egliſe de la Maiſon, chargé de deux ordres d'architecture Ionique & Compoſite à la Françoiſe, qui le rendent tres-majeſtueux, avec ſon Fronton orné d'un Cadran, & couronné d'une grande Lanterne à jour, qui a ſix pans faits en hexagone, laquelle eſt remplie de cloches & d'une horloge pour la commodité de cét Hoſtel.

Si l'on regarde ce qui ſe preſente directement à la vûë en entrant dans cette grande Court, on apperçoit la face du fond de cette Court telle qu'on la peut voir dans la Planche marquée G. qui repreſente l'étenduë de cette face depuis l'Orient juſqu'au Couchant, & tout ce qu'on verroit des moyennes Courts & des Infirmeries ſur cette meſme ligne, ſi la vûë n'eſtoit bornée par les quatre corps-de-logis qui ſont à droit & à gauche, pour en compoſer le Carré, & qu'on a pris ſoin de couper dans cette Planche, afin que rien ne puſt empeſcher de voir tous les Baſtimens qui ſont ſur cette ligne. Et pour ne rien laiſſer à deſirer aux Curieux, on a mis au bas de cette Planche un plan geométral, dont toutes les parties du dedans repreſentent celles du dehors en droite ligne, & dont les differentes inſcriptions font voir les divers uſages, & l'échelle des toiſes.

Si aprés avoir vû la face du fond de la Court, telle que nous venons de la repreſenter, on ſe tourne à gauche, & qu'on regarde ce coſté en profil, on le verra comme il eſt deſſigné dans la Planche marquée H. qui commence par la Coupe du grand Portail, & qui continuë incluſivement juſqu'à la Coupe de l'Egliſe & du Dome, c'eſt-à-dire, depuis le Septentrion juſqu'au Midy, & dans laquelle on peut voir à découvert la Coupe du Portail, le Veſtibule, la Salle du Conſeil, & tout un coſté de la grande Court. Cette Planche marque auſſi par la Coupe de la double Egliſe qui eſt au milieu, & du Dome qui eſt au bout, l'élevation de la Nef, la belle architecture de ces Egliſes, les reguliéres proportions des ordres qui en font la magnificence, les figures iſolées, les chapiteaux, les conſoles, les entrelas, les roſes, les couronnes & tous les ornemens que l'art des plus ſçavans a pû inventer, pour enrichir ce Chef-d'œuvre, dont on fera un chapitre particulier dans la ſuite de ce Livre; & l'on découvre enfin dans cette Coupe tous les combles, ſur leſquels on peut aiſément diſcerner toutes les piéces qui ſont employées dans leur charpente. On n'a pas jugé qu'il fuſt neceſſaire de donner une élevation du coſté droit de cét Edifice, parce qu'eſtant parallele au coſté gauche, dont ont vient de parler, & dans une juſte ſymmetrie, il auroit eſté tout ſemblable à celuy qu'on vient de repreſenter.

Si aprés avoir vû la face du fond de la grande Court, on ſe retourne tout-à-fait pour voir la face qui y eſt oppoſée, on verra une autre élevation de la face de cette Court en dedans du coſté & au derriére de la principale entrée depuis l'Orient juſqu'à l'Occident, avec la Coupe des corps-de-logis qui ſont à droit & à gauche, & le plan geométral de toutes les parties qui compoſent cette face, telle que le repreſente la Planche marquée I.

Lorſqu'aprés avoir conſideré toutes les faces de la Court Royale, on voudra passer dans les moyennes Courts, qui sont au costé gauche de cette grande Court en entrant par le grand Portail, on trouvera de ce costé une élevation qui commence par la Coupe du grand corps-de-logis qui est au Septentrion, & finit aux Infirmeries qui sont du costé du Midy. Cette face des moyennes Courts a Paris ou l'Orient derriére elle, & regarde l'Occident ou Saint Cloud. On a fait dans cette Planche marquée K. une Coupe des trois Pavillons qui forment & separent ces deux Courts, & des corps-de-logis qui traversent les Infirmeries; afin de pouvoir mieux exposer à la vûë le profil de tout ce qu'on peut découvrir de ce Bastiment sur cette ligne: & l'on y a joint un plan geométral, pour faire connoistre l'usage & la grandeur de toutes ses parties.

Mais si l'on se retourne, & qu'on regarde la face de ces deux moyennes Courts, qui est opposée à celle dont on vient de parler, on verra dans la Planche marquée L. une élevation qui commence par la mesme Coupe du grand corps-de-logis, où l'on découvre la saillie d'une partie du grand Portail avec les autres Coupes & les faces jusqu'au derriére des Infirmeries de ce costé-là. Cette face a l'Occident derriére elle, & regarde Paris ou l'Orient; & l'on peut voir toutes les parties qu'elle contient, par le plan geométral qui y est joint. Quant à ce qui regarde les deux autres costez qui forment les carrez de ces Courts, on a parlé de celuy qui fait face au Septentrion dans la Planche de l'élevation du fond de la Court Royale marquée G. & l'on a décrit le costé qui regarde le Midy, & qui a le grand Portail à son dos, dans la Planche marquée I. Et pour ce qui est des deux autres moyennes Courts qui sont au Couchant du costé droit de la Court Royale en entrant par le grand Portail; on peut aisément juger, que (tout cét Edifice estant d'une symmetrie tres-exacte) le Bastiment de ces deux Courts est semblable à ceux dont on vient de parler, & qu'ainsi il seroit inutile d'en donner des plans, & d'en faire une description particuliére.

CHAPITRE V.

Des differens étages, & des parties principales de cét Edifice.

TOUT ce qu'on a dit dans les chapitres precedens, ne concerne que les beautez d'architecture, qui sont connuës & sensibles à toutes sortes de personnes. Mais ce que l'on va dire ensuite, estant un détail plus particulier de la construction de ce Bastiment, ne regarde que les Sçavans en cét Art. On a inseré dans ce chapitre six plans geométraux des étages de ce Bastiment, qui feront aisément connoistre l'usage de toutes ses parties, en faveur de ceux qui voudront faire une discussion exacte, non seulement de tout ce qui est contenu dans chaque étage; mais qui souhaiteront mesme de s'instruire de la maniére de bien poser des fondemens, & de la belle ordonnance d'un Edifice: & l'on a mis des échelles au bas de chacun de ces plans, par lesquelles on pourra sçavoir au juste les longueurs & les largeurs de chaque lieu; quelle étenduë on donne à tous les bastimens dans œuvre; de combien les étages d'en-bas sont élevez du rez de chaussée; la difference de ces étages; la hauteur de chacun d'eux, depuis son aire jusqu'au dessous des solives; & l'épaisseur mesme des planchers.

Le premier de ces plans marqué M. est celuy des fondations, qui fait distinguer par ses hachures differentes ce qui est solide, d'avec ce qui ne l'est pas, ou qui est à jour. Car ce qui est à jour ou vuide, est tout blanc, comme le milieu des Eglises, des Chapelles, des Courts, les Jardins, les Promenoirs, & le reste. Ce qui est haché d'une taille douce claire, marque le terrain entre les massifs des fondations, qui n'est d'aucun usage à present. Ce qui est d'une taille douce & piquée à la grande Eglise, marque une maçonnerie de moêlon, que les Anciens appelloient *opus tumultuarium*; & tout le reste qui est gravé d'une plus épaisse & plus obscure, represente le massif des fondations des murs de face ou de refand sur le vif & solide fond. Ce plan fait voir aussi les passages & les escaliers pour communiquer à toutes les caves, pour visiter les fondemens, & pour inhumer les morts dans des lieux separez. On y remarque de plus entre plusieurs murs de separation differentes caves à mettre le bois, le vin & les autres provisions. On y voit au milieu de la Court un conduit voûté, où se perdent les eaux & les immondices qui tombent des toits, & qui sortent des offices, par differens endroits; & l'on y découvre enfin tous les conduits des tuyaux de plomb, qui sortent du reservoir de la Pompe, (dont nous ferons un article particulier sur la fin de cette premiére Partie) & qui fournit de l'eau abondamment à ces tuyaux, pour la porter dans tous les lieux de la Maison, où l'on en a besoin, & dans les Courts qui ont toutes des robinets pour plus grande commodité.

La Planche marquée N. est le plan geométral du rez de chaussée de tout le Bastiment, qui merite mieux que tous les autres, le nom de plan, parce que c'est celuy sur lequel on voit naistre & s'élever hors de terre un Edifice, & dans lequel on peut aisément discerner l'étenduë de chaque partie. On distingue par le noir & le blanc de cette Planche, ce qui est fermé de murailles, comme les Eglises & les appartemens, d'avec ce qui est exposé à l'air, comme les Courts & les Jardins: le noir marque ce qui est massif de maçonnerie, comme les pilastres, les murs de face & de refand, dont quelques-uns sont pleins, comme dans les quatre Refectoirs, où les jours ne sont que d'un costé; presque tous les autres sont percez de croisées, dont les appuis sont marquez par deux lignes. Les autres places qui sont marquées de noir, & qui paroissent entiérement détachées, ou qui ne sont jointes que par une ligne, representent ou des piliers comme dans la Nef, ou des trumeaux, comme dans les Galleries de la Court Royale, ou des colomnes, comme dans les Vestibules, dans les Chapelles & sur les Perrons. Les places tracées par plusieurs lignes paralleles & pressées marquent les differens Escaliers distribuez en divers endroits, pour aller commodément dans tous les étages, pour monter sur les Perrons, & pour entrer dans les Vestibules de l'Eglise ou des Corridors. Tout le reste qui est enfermé de murs & de cloisons autour des Courts ou des Infirmeries, est partagé en plusieurs appartemens, passages, corridors, corps-de garde, refectoirs, cuisines, chambres, offices, salles, basses-courts, écuries, jardins & promenoirs: & toutes ces choses sont si bien distinguées de differens chiffres dans ce plan & dans tous les autres, & l'usage de chaque piéce y est si exactement marqué, que le nombre des chambres & la qualité de ceux qui occupent ces divers lieux, y sont exprimez; & chaque pierre mesme des regards & des conduits soûterrains y est designée par des lignes pointées.

Le

Le plan marqué O. fait l'ouverture du premier étage au dessus de celuy du rez de chaussée, & des greniers des Infirmeries distribuez en plusieurs offices, tant pour les malades, que pour ceux qui les servent. Cét étage fait l'élevation des grands Vestibules, des Galleries, des Perrons, des Refectoirs & des autres places remarquables: il represente mesme la grosseur & l'étenduë des murs, des piliers, des pilastres & des trumeaux les plus considerables; la largeur des corridors, dont les uns sont à costé des appartemens des principaux Officiers de la Maison; les autres sont entre les chambres des Soldats, avec les cages des Escaliers qui s'élevent jusqu'au dernier étage: aussibien que les grilles de fer qui separent quelques corridors, & en défendent l'entrée; en sorte que pour peu qu'on consulte les chiffres, on sera pleinement instruit des dimensions de chaque lieu, quelque petit qu'il soit.

Le plan marqué P. represente le second étage, & par consequent les combles des Infirmeries, qui n'ont que l'étage du rez de chaussée & leurs greniers, qui répondent au premier étage, dont nous venons de parler. Dans ce second étage on est au dessus des Refectoirs, des grands Vestibules, des Perrons & des principales entrées de l'Eglise: on est sur les Tribunes des Eglises, où les voûtes en se rejoignant, remplissent tous les vuides des passages, & ne laissent que l'ouverture de la croisée du Dome & des Chapelles. On se voit dans le grand Sallon qui est au dessus du grand Portail, & où l'on tient le Conseil: le reste est distribué en corridors & en cloisons, qui forment plusieurs appartemens, de chacun desquels on peut voir l'étenduë par l'échelle des toises qui est au bas de chaque plan.

Le plan marqué Q. represente le troisiéme étage au dessus du rez de chaussée, & par consequent le dessus des voûtes de l'Eglise, avec le commencement de leur comble. On y voit aux deux costez de la Court Royale dans toute son étenduë sur le plomb ou au dessus des Refectoirs, quatre grandes Salles pour les Manufactures de la Maison: le reste est distribué en corridors, passages, vestibules, salles, chambres, poêles & magasins; & posé à plomb sur l'étage d'en-bas avec differentes cloisons, suivant les besoins & necessitez qu'on en a euës, & les commoditez de ceux qui s'en servent.

Le plan marqué R. fait voir le quatriéme étage au dessus du rez de chaussée, c'est-à-dire, la place de l'Eglise, le vuide & la calotte du Dome; l'étenduë des greniers de la Maison, dont les uns sont destinez aux usages de la Boulangerie, & les autres servent à faire sécher les linges de cét Hostel. On n'y voit que fort peu de cloisons, parce qu'on ne les y fait que suivant les occasions & les besoins qu'on en a; & l'on remarque dans l'étenduë de ce plan les passages des tuyaux de cheminées, & plusieurs escaliers pour monter sur les combles & sur les terrasses qui sont au dessus des Pavillons.

CHAPITRE VI.

Des Refectoirs & de leurs Peintures.

ON a vû dans les plans geométraux qui sont au bas des Planches rapportées aux chapitres precedens, l'usage & le nom des appartemens qui composent & environnent la Court Royale, les moyennes Courts, & les autres lieux de l'Hostel: c'est pourquoy sans faire des descriptions particuliéres de chacun de ces lieux, on se contentera de parler de ceux qui sont les principaux & les plus frequentez. Les Refectoirs sont sans doute de ce nombre, soit à cause du grand espace qu'ils occupent, soit pour la necessité de leur usage, soit enfin pour les commoditez & pour les beautez dont on a eu soin de les enrichir.

Il y a quatre grands Refectoirs pour les Soldats, qui sont à droit & à gauche de la Court Royale, en entrant par la grande Façade, & contigus aux deux Galléries que forment les Portiques d'en-bas, dont nous avons parlé. Deux ont 25. toises chacun de long, & les deux autres 23. sur quatre de large, ainsi qu'il est representé dans la Planche N. par les quatre chifres 16. Mais comme ce qu'il y a de plus remarquable dans ces Refectoirs, sont les diverses Peintures dont on a eu soin de les embellir, on a crû estre obligé de dire quelque chose du sujet de chacun de ces Tableaux, qui representent les Campagnes & les Conquestes faites par le Roy dans les guerres de Flandres & de Hollande.

En entrant on trouve à sa gauche le premier Refectoir, qui est du costé de Paris, dont on peut voir le dessein dans la Planche marquée S. par laquelle on peut observer la maniére dont les Soldats invalides sont à table, & la façon dont ils sont servis, se mettant des deux costez de grandes tables longues, ainsi qu'on les peut remarquer aux deux costez de cette Planche; & la petite table qui est au milieu, à laquelle on ne se met que d'un costé, estant celle des Beuveurs d'eau, c'est-à-dire, où se mettent ceux qui sont condamnez à ne boire que de l'eau pendant un certain espace de temps pour les fautes qu'ils ont faites contre les Reglemens & les Statuts de la Maison. On voit sur la porte un grand Tableau qui represente le Roy sur des nuées, comme le plus rare present que nous ayons reçû du Ciel, environné des Graces, revestu de toute la valeur des Romains representée par leurs habits, ayant à ses pieds la Justice, la Force, la Prudence & la Temperance, & mettant en fuite l'Ignorance, la Crainte & l'Aveuglement. On voit dans une autre groupe de figures qui est de l'autre costé dans ce Tableau, la France à genoux, qui rend graces au Ciel d'un si grand present, ayant à ses costez l'Abondance & la Magnificence, dont cét auguste Regne nous fait joüir. Le Dieu des Combats & les Genies de la Guerre paroissent dans le ciel de ce Tableau, pour marquer que le grand cœur de nostre Monarque soûmettra toutes les diverses Provinces qu'un petit Amour mesure de son compas sur le Globe de la Terre. On voit ensuite du costé de ce Refectoir opposé aux fenestres dans differens Tableaux, les Conquestes que ce Grand Roy a faites dans la Flandre : comme la prise de Charle-Roy, de Tournay, de Doüay, de Bergues, de l'Isle, de Furnes, de Courtray, d'Alost, & d'Audenarde. Aprés quoy l'on remarque sur l'autre porte du mesme Refectoir un grand Tableau, dont on peut voir l'esquisse dans la mesme Planche marquée S. où le Roy est dépeint à cheval avec ses Gardes derriére luy, comme s'il revenoit de la conqueste de toutes ces Villes. La Renommée s'efforce de devancer ses pas pour publier sa gloire ; & la Valeur & la Victoire le suivent chargées de palmes. Sur le devant de la terrasse de ce Tableau est une jeune & belle personne qui represente une Comtesse enchaisnée, pour marquer la Franche-Comté soûmise; & le Vieillard qui l'accompagne dans la posture d'un Vaincu, marque une partie de la Flandre déja subjuguée.

Comme la lumiére du premier Tableau est un Soleil levant, celle de celuy-cy est un Soleil couchant, soit pour signifier que le Roy semble n'avoir pas employé plus de temps à la conqueste de ces Provinces, que le Soleil employe à faire le tour du Monde: soit pour nous faire entendre, que comme cét Astre qui est la devise du Roy, aprés s'estre levé pour éclairer l'Univers, comble la Terre de biens, avant que de se coucher; LOUIS LE GRAND ne part jamais, pour quelque expedition que ce soit, qu'il ne comble ses Peuples de nouveaux biens à son retour. Si l'on regarde l'autre costé de ce mesme Refectoir, on verra dans chaque espace qui est entre les croisées, divers Tableaux, qui representent les Conquestes de la Franche-Comté: comme les prises de Besançon, de Salins, de Dole, de Grais, du Fort & Chasteau de Joux, de Saint Laurent-la-Roche, & de Sainte Anne.

On voit au dessus de la porte de l'autre Refectoir qui est sur la mesme ligne & du mesme costé, un grand Tableau de la declaration de la Guerre aux Hollandois. Le Roy y est assis sur son lit de Justice, & en prononce luy-mesme l'Arrest. Il est accompagné de la Raison, de la Religion & de la Justice, qui se font connoistre par les marques qu'on a de coûtume de leur donner, & qui conseillent cette juste guerre à nostre Monarque. Pallas est à ses pieds; la Muse de la Guerre écrit les ordres de ce Roy sur son cartel. Bellone paroist sur le devant de ce Tableau telle qu'on la dépeint, se preparant à répandre le desordre & l'horreur par tout, renversant les peuples & les maisons qu'elle trouve à son chemin, & méprisant les cris d'un petit Enfant qui court aprés elle. Dans l'enfoncement de ce Tableau paroist le Temple de Janus, d'où sortent des peuples épouventez de cette declaration: & de l'autre costé la Paix renversée par terre, soûtenant encore à peine un rameau d'olivier, appelle un petit Amour, qui s'estant revestu d'une bandouliére, d'un casque & de quelques armes, court à la guerre, n'écoute plus la Paix qui le menace, & méprise les douceurs qu'elle luy étalle. On voit ensuite sur le costé opposé aux fenestres dans ce Refectoir, la prise des villes & forteresses de Rimbergue, de Dorsoy, de Vesel, le Fort de la Lippe, de Reés, de Schin, d'Emerik, de Guritz, de Zutphen, de Narden, d'Utrecht & de Tiel. Sur l'autre porte du mesme Refectoir est un autre grand Tableau representant la France chargée de gloire & des dépouilles des ennemis, couronnée par la Valeur & par la Victoire, ayant à ses pieds divers peuples soûmis, & recevant les drapeaux que les Guerriers luy apportent de toutes parts, & qu'elle consacre au Temple du Dieu des Armées. Enfin on voit du costé des fenestres dans le mesme Refectoir, les prises des villes de Graves, de Bommel, de Crevecœur, du Fort Saint André, de Voorn, de Nimegue, de Znotxembourg, d'Oudenarde, de Culembourg, de Doësbourg, de Vianem, & d'Arnhem.

Sur la droite, c'est-à-dire, du costé de Saint Cloud & au Couchant, dans le premier Refectoir, on voit ce Roy vainqueur, accompagné de Minerve, de Bellone & de la Victoire, s'acheminant vers la Meuse, qui semble luy estre déja soûmise, & qui luy presente Mastricht figurée par l'étoile qu'elle tient, & qui est le Type & les Armes de cette Ville. Le Rhein qui est representé dans le costé droit de ce Tableau, rend aussi ses hommages au Roy; & l'Europe est du costé gauche, & se prepare à estre bien-tost conquise toute entiére par ce Grand Monarque. On remarque ensuite dans ce Refectoir du costé opposé aux croisées, divers Tableaux de quelques autres

Conqueftes du Roy; entre chacun defquels il y a des trophées d'armes dépeints dans d'autres cadres. On y voit la prife de Maftricht, de Dinan, la Bataille de Seneff, la levée du fiége d'Oudenarde par les trois armées, des Efpognols, des Imperiaux & des Hollandois, la prife de la ville de Huy, de Limbourg & autres. Au deffus de l'autre porte eft un grand Medaillon, qui reprefente la Clemence affife fur des trophées d'armes, tenant une Victoire en fa main, avec cette infcription, VICTORIS CLEMENTIA. Et de l'autre cofté de ce mefme Refectoir on voit encore plufieurs autres Tableaux femblables, comme la prife de Joux, de Befançon, de Dole & de Salins pour la feconde fois, celle de Lure, de Vefou & de Fauconnier.

Et dans le quatriéme & dernier Refectoir des Soldats du mefme cofté, au deffus de la porte eft un grand Tableau qui reprefente le Roy à cheval dans fon Camp, donnant tous les ordres neceffaires pour les expeditions de fes derniéres Campagnes. Enfuite du cofté oppofé aux feneftres font reprefentées les prifes des villes de Valenciennes, de Condé, de Cambray, de Bouchain, de Saint Omer, d'Aire, le fecours de Maftricht, la Bataille de Mont-Caffel. En retournant du cofté des croifées on voit l'embrafement du Pontde Strafbourg, la prife de la ville d'Ypres, du Fort Rouge, de Puifferda, de Saint Guillain, de Fribourg, du Fort de Linck, de la ville de Boüillon, le fecours de Charle-Roy, & la Bataille de Saint Denys devant Mons. Et au deffus de la feconde porte de ce dernier Refectoir, le Roy eft dépeint recevant les humbles remercimens des Ambaffadeurs d'Efpagne, de Hollande & d'Allemagne pour la paix que fa clemence leur vient d'accorder. Enfin il y a auffi quatre Refectoirs pour les Officiers, comme on le peut voir par les quatre chiffres 17. de la Planche marquée N. qui font moins grands, & qui ne cederont point en beauté à ces premiers.

CHAPITRE VII.

Des deux Eglifes.

SA Majefté aprés avoir fait éclater fa magnificence dans le fuperbe Baftiment qu'elle fit faire pour fes Soldats, voulut fignaler fa piété, en faifant élever un Temple fomptueux au Dieu des armées, & chercha le lieu le plus commode & les plus habiles Architectes, pour en faire les plans & modéles; Maiftres Maçons, Entrepreneurs & autres Ouvriers des plus habiles de cét Art, pour en jetter les fondemens. La difpofition de cette Maifon de priére eft fi naturelle, que rien ne peut empécher l'ufage de fes parties. Son affiette eft fi commode, qu'elle prefente un agreable & facile accés tant aux étrangers, qu'aux Invalides. Et fon afpect eft fi beau par le rapport que les parties ont avec leur tout, que la vûë d'un feul morceau de fon architecture fait juger aifément de la beauté de tout ce grand Ouvrage. On a divifé ce Temple en deux Eglifes; & c'eft pour nous accommoder à cét ufage, que nous en avons parlé dans les plans, comme fi c'eftoit en effet deux Eglifes.

La premiére eft celle qui eft du cofté du Septentrion, compofée du Chœur, de la Nef & des bas coftez; & c'eft celle qu'on appelle l'Eglife de la Maifon, parce qu'elle eft deftinée pour les Officiers & Soldats invalides.

L'autre

L'autre Eglise est du costé du Midy, qui s'appelle l'Eglise du Dome, à cause qu'elle est libre à toutes les personnes de dehors. De maniére que quoy-que ces deux Eglises par la liaison & la communication qu'elles ont entre elles, n'en fassent qu'une ensemble dédiée à S. Louïs: cependant la Nef & le Dome qui en font les deux parties les plus considerables, estant destinées à divers usages, formées de differente architecture, & ouvertes par deux entrées opposées, dont l'une est pour les gens de la Maison, & l'autre pour ceux de dehors; on fera une description particuliére de chacune de ces deux parties.

L'Eglise de la Nef a son entrée du costé de la Maison au fond de la Court Royale, comme on le peut voir aisément dans la Planche marquée N. au chiffre 11. Son Portail est au Septentrion sous un Frontispice de deux ordres, Ionique & Composite, qui font symmetrie aux deux rangs de Galleries qui regnent tout autour de cette grande Court. Le second ordre qui est de niveau avec le second rang des Galleries & le second étage, conduit au Jubé de l'Eglise, soûtenu de douze pilastres, en comptant ceux qui portent le Vestibule & le Portail. Le Jubé est au bas de la Nef, & sert de passage aux Tribunes & aux Galleries posées au dessus des voûtes des bas-costez; & l'on peut voir la disposition de toutes ces parties dans la Planche marquée C. aux chiffres 3. & 4. & encore dans celle marquée B. aux chiffres 18. 19. & 20.

Ce Jubé dont nous venons de parler, porte un grand buffet d'orgues, qui se fait admirer de tous les Curieux, soit pour la belle recherche de sa menuiserie, soit pour la sçavante ordonnance de ses jeux. Il est rempli d'une montre de seize pieds d'étain bien poli, & bien fourni de tous les differens jeux qui peuvent entrer dans cette harmonie. Son grand buffet a 24. pieds de face sur cinq de profondeur: le buffet d'en-bas où est le positif, a 9. pieds de hauteur & de largeur sur cinq de profondeur; & toutes les proportions d'architecture sont observées dans tout ce corps avec les ornemens convenables à chaque piéce, comme chapiteaux, architraves, frises, corniches, consoles, culs de lampe, claires-voyes, testes de cherubins, amortissemens, & autres.

Du frontispice de ce Temple dont nous venons de parler, on entre dans l'Eglise, qui a 32. toises de long sur douze de large, éclairée de cinquante-quatre croisées, & divisée par deux rangs de piliers, qui forment trois allées, dont celle du milieu fait la Nef, & les deux autres sont les bas-costez. La partie superieure de la Nef fait le Chœur de l'Eglise, où Messieurs les Ecclesiastiques sont placez dans des formes bien travaillées; & rien n'empesche les seculiers de voir les fonctions & les ceremonies qui se font à l'Autel. Dans l'étenduë & la longueur des trois travées d'arcades de cette Nef, on a fait une Cave pour y inhumer les principaux Officiers & Messieurs les Ecclesiastiques. Elle a huit toises deux pieds & demi en longueur sur seize pieds de large dans œuvre, & sept pieds de hauteur sous clef.

Cette Eglise est voûtée de pierre de taille en plein cintre dans toute son étenduë. Son architecture est d'un ordre Corinthien, qui a toutes ses proportions depuis sa plinte jusques à sa corniche, sur laquelle commencent les appuis des grands vitraux faits par compartimens de fer & de verre, dont il y a plusieurs panneaux de verre d'apprest, c'est-à-dire, de differentes couleurs, où diverses figures, chiffres & blasons sont represenrez. Chaque pilier a ses impostes, pour recevoir les retombées des voûtes des bas-costez, & les arcades qui portent chacune leur balustre à hauteur d'appui sur les Tribunes, dont l'ouverture regarde dans la Nef, & formant une seconde arcade, remplit la hauteur des piliers de l'Eglise. Enfin toutes les principales piéces de cette Eglise sont accompagnées de tous les ornemens de sculpture qui leur sont convenables, comme les colomnes de leurs chapiteaux, architraves, frises & corniches de leurs modillons, sans compter les roses, les entrelas, les cherubins, les consoles, les fleurs de lis & les couronnes distribuées aux arc-doubleaux, aux arcades, aux Tribunes & aux autres piéces d'architecture. Et quant à ce qui regarde sa construction; l'étenduë, la longueur & l'élevation des murs & des piliers, qu'on peut aisément voir par les échelles qui sont au bas de chaque plan, font assez connoistre, qu'on a pris tous les soins & toutes les mesures necessaires pour faire des fondations capables de soûtenir cette pesante Masse.

Enfin tout ce superbe Bastiment est construit des pierres les plus propres à sa magnificence & à sa durée, distribuant par dehors d'espace en espace de grands arc-boutans que les Italiens appellent *Contraforti*, ou *Speroni*, les Espagnols *Entivos*, & les Grecs *Anterides* ou *Appuis*.

L'Eglise du Dome est au Midy, à l'achevement de laquelle on travaille sans cesse, & dont on a pris la description qui suit, sur le modéle de bois qui est dans cét Hostel, & qui couste seul plus de dix mille écus, que Sa Majesté a fait faire pour executer ce grand Ouvrage. Elle est d'une figure carrée de vingt-six toises ou environ à chaque face. Toute sa masse est soûtenuë par plusieurs piliers, dont les uns sont isolez, & les autres adossez contre les murs; & tous ensemble font huit allées posées en croix, en sautoir & en orle. Les principales de ces allées sont les deux qui croisent toute l'Eglise en sa longueur & en sa largeur. Celle qui occupe toute la longueur, traverse le Dome & la Nef, & se termine aux deux grandes portes; & celle de la largeur aboutit aux deux Chapelles de la Vierge & de saint Louïs. Les quatre coins sont remplis de quatre Chapelles faites en cintre, chacune desquelles a huit colomnes d'une beauté & d'une magnificence admirables, de plusieurs beaux ouvrages d'architecture, de sculpture & de menuiserie, dont elles sont revestuës, aussi-bien que les balustres, les niches & les retables. Le point où ces deux allées se croisent, qui se trouve à l'opposite des deux entrées, est un vuide de 12. toises de diametre, environné de huit gros pilastres qui supportent un superbe Dome élevé au dessus de la grande corniche du dedans. Contre ces pilastres sont posées huit colomnes qui portent deux à deux quatre Tribunes en tour creuse, ceintes de grilles de fer richement travaillées. Les niches qui sont remplies de grandes figures isôlées, font l'entre-colomnement; & quatre statuës des quatre Evangelistes en relief posées au dessus des Balcons, achevent un si bel Ouvrage. Dans l'épaisseur des gros pilastres de l'entrée & du lieu où se croisent les deux allées, il y a six tourelles qui enferment des escaliers en limaçon, pour descendre dans les caves, & monter sur les combles, & sur les toits les plus hauts, suivant les besoins.

Toutes les colomnes du dedans de l'Eglise sont d'un ordre Corinthien, avec toutes les proportions & tous les ornemens d'une architecture complete, comme on peut le voir dans la Planche marquée H. Dans le fond de cette Eglise à l'opposite du grand Portail, est une grande grille de fer doré à jour, d'un dessein tres-curieux, pour separer la partie du Dome, de celle de la Nef. Au delà de cette grille est le Sanctuaire dans un grand espace en ovale de neuf toises ou environ, où est placé le grand Autel isolé, admirable pour les beautez de sa structure, qui renferme tout ce que l'Art a de plus delicat, & tout ce que les plus sçavantes mains peuvent faire de plus achevé. Aux deux costez du Sanctuaire, & joignant les extrémitez de la Nef, il y a deux tourelles de cinq toises de diametre, qui servent de Sacristie. Les combles de cette Eglise sont de vingt-sept toises de longueur sur quarante pieds de largeur, & de hauteur depuis le rez de chaussée du milieu du Dome, jusques au dessus de la Croix de la Pyramide, de quarante-neuf toises & demy; & l'on le peut mieux voir sur les échelles des plans qui sont fort justes. Cette Eglise doit estre pavée de bonne pierre de marbre entrelassée de differentes especes de couleurs, dont les plates-bandes qui regnent autour de ces compartimens, répondent à plomb aux arcs des voûtes qui sont au dessus, commençant devant le socle de chaque pilastre, & aboutissant à l'entrée de la clef: le tout d'un tres-beau dessein, & convenable à cét Edifice.

Les beautez du dehors de cette Eglise ne cedent en rien à celles que nous avons remarquées au dedans. Sa principale entrée est du costé de la Plaine de Grenelle. Son Frontispice fait face au Midy avec 24. colomnes détachées sur deux ordres qui regnent sur les faces. L'ordre Dorique & le Corinthien soûtiennent son Portail, où toutes les proportions sont observées depuis la plinte jusques aux corniches. Les instrumens de la Passion de nostre Sauveur, & quelques ornemens d'Eglise servent de triglyphes & de métapes à la frise. Les colomnes sont distribuées en forme de peristile, parce que les entre-colomnemens sont larges à proportion des portes, des fenestres, des niches & des bossages qui les remplissent. On en peut voir un leger crayon dans les chiffres 3. & 4. de la Planche marquée C. On monte sur ce Portique par un grand Perron de quatorze ou quinze marches, qui font une élevation de 5. ou 6. pieds, dont la derniére commence l'aire de l'Eglise, à l'entrée de laquelle sont deux autres colomnes faites sur le modéle de ces fameuses qui ornoient le Vestibule du Temple de Salomon. L'entablement des corniches du second ordre est chargé d'un Balustre de pierre à hauteur d'appuy, qui regne dans tout le pourtour de l'Eglise, avec de grands vases posez sur des pied-d'estaux qui répondent aux colomnes de dessous, les frontons posez sur le milieu de toutes les faces, pour les rehausser, & qui sont remplis des Armes de France avec les ornemens qui les accompagnent. Les encoignures sont aussi rehaussées de grands vases en forme de pyramides. La couverture de l'Eglise est faite en voûte depuis l'entablement jusqu'au vuide du Dome, de dalles de pierres en recouvrement, qui forment une espece d'escalier par leur panchant & par leur glacis. Autour du vuide de ce Dome regne un ordre Composite, qu'on pourroit nommer *Piénostile*, à cause des colomnes qui sont si serrées, qu'elles ne laissent que le jour des fenestres pour entre-colomnement. Sur cét ordre Composite, qui a ses ornemens reguliers, regne un Balustre de mesme qualité, & de semblable façon que celuy de devant, & tous les pied-d'estaux sont chargez de figures grandes comme nature. Aprés ce Balustre on a fait une retraite en forme de chemin, tant pour la commodité des ouvriers qui seront obligez de reparer les lieux, que pour la beauté de l'Ouvrage, qui demande toutes ces proportions. Au delà de ce Balustre on voit un Attique élevé avec autant d'arc-boutans & de tables, qu'il y a de piliers & de fenestres dans l'ordre de dessous, auquel il répond. La corniche au dessus des pilastres est chargée de vases fort élevez, & posez à plomb sur les arc-boutans; & il y a une retraite tout autour semblable à celle de dessous, aprés laquelle s'éleve encore un Sur-Attique, avec pareil nombre de pilastres & de petites fenestres en ovales, enrichies des ornemens qui appartiennent aux ordres, sur lesquels ils sont posez. Au dessus de ce Sur-Attique commence le cintre du Dome rempli de costes refenduës, entremeslées de trophées d'armes en forme de guirlandes, qui pendent tout du long du Dome, rehaussé d'une Lanterne, dont les jours & les fenestres font l'entre-colomnement d'un ordre Corinthien. La Corniche qui est chargée de vases & de figures en relief, a pour amortissement une belle Pyramide fleurdelisée, qui porte un Monde couronné de France, & croisé d'or. Enfin ce superbe Edifice est éclairé tout autour de 51. fenestres hautes & larges dans les plus belles proportions, & de douze lucarnes dans la calotte du Dome: & ce qu'il y a de remarquable dans la construction de ces deux Eglises, & qui ne s'est point encore vû, c'est que toutes les assises des pierres employées dans les paremens exterieurs des murs & des piliers, tant au dedans qu'au dehors, sont d'une mesme hauteur, en sorte que les joints des lits de chaque assise regnent à mesme niveau en tout le pourtour du dedans & du dehors de ces Eglises.

CHAPITRE VIII.

Des Infirmeries.

SI les maladies occupent ordinairement la plus grande partie de nostre vie, & si nous n'en sommes pas exempts dans la vigueur de la jeunesse & dans la douceur du repos: il est aisé de croire que les Invalides, dont la pluspart ont épuisé leurs forces, & détruit leur temperament par les blessures & les fatigues qu'ils ont souffertes, sont beaucoup plus sujets à ces infirmitez que tous les autres; & c'est pour cette raison que dans la construction de cét Hostel on n'a pas eu moins de soin de bastir des demeures pour les malades, que des appartemens pour ceux qui se portent bien, & que les Infirmeries occupent une bonne partie de cét Edifice.

Ces Infirmeries sont composées de tous les appartemens qui croisent, & environnent six Courts placées au bout des Pavillons de l'Hostel, le long de l'Eglise du costé qui regarde Paris, derriére les deux moyennes Courts qui sont à main gauche en entrant par la grande Façade du Bastiment du costé du Septentrion, & qu'on voit au costé gauche de la face de l'Eglise du costé du Midy, comme on peut remarquer dans la Planche marquée C. par les quatre chifres 5. Ce Bastiment est orienté du Levant au Midy. Sa face du costé de Paris a 64. toises de long; celle qui regarde le Midy, 48. & le reste fait le carré à proportion. On n'a donné qu'un étage au dessus du rez de chaussée à ce Bastiment, afin qu'il n'ostast pas la vûë du grand Edifice & de l'Eglise, ausquels il est contigu. Les voûtes des fondemens forment treize caves pour les provisions du vin, du bois & autres choses necessaires

necessaires aux malades & blessez, & cinq fosses d'aisances; & des six Courts dont nous avons parlé, deux sont destinées à faire des jardins, trois servent aux malades, & l'autre sert de communication pour passer des Infirmeries à l'Eglise & au grand Bastiment.

On trouve au rez de chaussée plusieurs lieux & appartemens faits pour l'utilité & la commodité des malades : comme une grande Cuisine pour apprester les viandes, dans laquelle il y a plusieurs robinets, & mesme au dessus des marmites, pour leur donner de l'eau plus commodément; une Dépense, un Garde-manger, un Lavoir fort commode, dans lequel il y a aussi plusieurs robinets qui fournissent autant d'eau qu'on en veut, & toutes les autres commoditez pour laver le linge des malades, avec une Buanderie pour faire la lessive; un lieu destiné à faire les ptisannes, dans lequel sont de grandes chaudiéres de cuivre rouge bien étaimées, au dessus de chacune desquelles est un robinet pour leur fournir de l'eau, & qui sont emboêtées sur des fourneaux qui donnent tant & si peu de feu qu'on veut à chacune; une grande Apothicairerie fournie de toutes les drogues necessaires, & entretenuë dans une propreté & dans un ordre admirables, par les bonnes Sœurs de la Charité, qui sont chargées du soin des malades, & dont nous parlerons dans la seconde Partie au deuxiéme Chapitre des Officiers de cét Hostel; une Chirurgie garnie de tous les instrumens necessaires à l'Art; un Laboratoire tres-commode pour les distillations & pour la Chymie; une grande Salle pour donner & recevoir le linge; un Refectoir pour ces mesmes Sœurs; six grandes Salles à mettre les malades & les blessez, dont les quatre principales s'appellent les Salles de Nostre-Dame, qui sont faites en croix, & ont dans leur point-milieu où elles se croisent, un grand Autel de figure isolée, où l'on dit la Messe, en sorte que chaque malade dans son lit peut assister au Sacrifice, & voir le Celebrant de toutes les quatre Salles, ainsi qu'on le peut remarquer sur la fin du plan geométral de la Planche marquée K. Il y en a deux autres, dont l'une est du costé du Midy, qu'on nomme la Salle de Saint Joseph, & l'autre qu'on appelle la Salle de Saint Cosme, du costé de l'Orient. Il y a un Autel de figure isolée dans l'angle que forment les deux bouts de ces Salles, qui est placé de maniére, que les malades de ces deux Salles peuvent entendre de leurs lits la Messe qu'on y dit. Outre cela il y a d'autres petites Salles de traverse destinées aux convalescens & aux Officiers malades; & toutes ensemble contiennent 289. lits garnis de paillasses, de traversins, d'oreillers, de draps, de couvertures, & de tours de lits de serge jaune en hiver, & de futaine blanche en été. Chaque malade a son lit: mais ce qu'il y a de remarquable pour la propreté & la commodité des malades, c'est qu'il y a dans toutes ces Salles d'espace en espace entre deux lits, une porte de menuiserie, par laquelle on entre dans de petites niches qui renferment des siéges percez & des bassins qu'on vuide par le derriére & en dehors de ces Salles, par le moyen des petites Galleries, au milieu desquelles sont les lieux communs, & qu'on a faites au dos de ces Salles en dehors: de sorte que chaque malade a son siége proche de son lit, & y peut aller aisément, sans qu'on le voye, & qu'on sente rien de dedans les Salles, & qu'on peut mesme vuider les bassins sans estre vû, & sans incommoder personne. Il y a aussi d'espace en espace dans chaque Salle pour garantir les malades du froid, des poêles à la mode d'Allemagne, qu'on a enchâssez dans le mur, & dont les tuyaux répondent

F

aux tuyaux des cheminées, qui sont faits exprés, ausquels on met le bois & le feu par le derriére & le dehors des Salles, par les mesmes Galleries dont nous venons de parler. L'on a fait au bout de ces Salles plusieurs loges ou cages pour mettre les insensez. Enfin on peut voir le dénombrement exact de tous les lieux des Infirmeries qui sont au rez de chaussée, dans la Planche marquée N. depuis le chiffre 88. jusqu'au chiffre 117.

Le premier étage au dessus du rez de chaussée contient encore une grande Salle au dessus de celle de Saint Cosme, & quatre autres petites, qu'on nomme les Salles de Saint Louïs, destinées aux Soldats qui ont des maladies particuliéres & contagieuses; elles renferment 261. lits: de sorte qu'il y a en tout dans ces Infirmeries 550. lits pour les malades en cas de besoin. Cét étage contient plusieurs autres commoditez, comme la Lingerie, où chaque piéce de linge neuf a sa tablette, & où les Sœurs gardent un ordre & une propreté qui ne se peut trop louër; les Magazins pour le linge blanc qui a servi: chaque piéce y est dans son rang, comme les compresses, les charpies, les bandes, les vieux linges, & le reste; d'autres Magazins pour les meubles; d'autres où les habits des malades sont serrez & nettoyez avec soin; l'Infirmerie particuliére des Sœurs, leur Oratoire, leur Dortoir; des chambres pour sécher & repasser le linge; d'autres pour travailler de la coûture; d'autres pour serrer les fruits & les confitures; d'autres pour traiter ceux qui sont attaquez des maladies honteuses, & plusieurs autres, dont on peut voir le détail dans la Planche marquée O. depuis le chiffre 45. jusqu'au 66. Le reste de cét étage qui est en galetas, est composé de greniers qui servent à étendre & sécher les linges & autres choses, selon les besoins & necessitez. Tous ces appartemens sont dégagez par des corridors, des passages & des escaliers pour aller en chaque lieu: de maniére que rien n'empesche l'usage de toutes les parties de ce Bastiment, & que tout contribuë à la commodité des malades qui y sont. Que si l'on veut voir une description plus particuliére de la situation & de l'usage de chacun de ces appartemens, on n'a qu'à regarder les plans geométraux qui sont au bas des Planches marquées K. & L. & leurs inscriptions donneront une connoissance exacte de toutes ces choses.

CHAPITRE IX. ET DERNIER.

De quelques autres Bastimens particuliers opposez aux Infirmeries, & de la Machine qui fournit de l'eau dans l'Hostel.

IL ne nous reste plus pour achever la premiére Partie de ce Traité, qu'à parler des Bastimens qui sont à la droite du grand Portail de l'Eglise vers Saint Cloud, en entrant du costé du Midy, & qui font symmetrie aux Infirmeries, comme on le voit au chiffre 8. de la Planche marquée C. Ces Bastimens consistent en appartemens & jardins pour les Missionnaires, dont nous parlerons dans la seconde Partie de ce Volume; en écuries, greniers, boutiques, & autres lieux servans aux commoditez de la Maison. Mais ce qu'il y a de remarquable de ce costé-là, est un grand puits avec une machine placée dans l'un des angles de ce carré, ainsi qu'on le voit dans la Planche marquée N. depuis le chiffre 81. jusqu'au 87.

Cette machine fournit abondamment à toute la Maison une eau aussi claire, aussi legere & aussi pure que l'eau des meilleures sources, comme l'usage journalier le fait assez connoistre, & suivant le rapport de gens connoissans qui l'ont goûtée. Ce puits est creusé dix pieds plus bas que le dessous du lit de la Riviére. Il a dix toises & demie de profondeur, sept pieds de diamétre par le bas, & sept pieds & demy par le haut. Il est basti de bonnes assises de pierre dure, pavé au fond d'une seule pierre fenduë en deux de sept pieds de diamétre & d'un pied d'épaisseur. On a fait mettre sous cette pierre une aire de cailloux de vigne passez à la claye d'un pied de haut; & l'on a fait jetter cinq ou six cens tombereaux des mesmes cailloux derriére les assises de pierre, qui font le tour de ce puits, pour mieux purifier l'eau. Il y a vingt-deux pieds huit pouces d'eau en hiver, & seize pieds trois pouces dans les plus grandes secheresses de l'été, suivant l'experience qui en a esté faite diverses fois. Il fournit de l'eau dans tous les endroits de la Maison, par une chaîne sans fin attachée à cette machine, qui occupe le travail de trois mulets qui la font tourner, & qui donnant continuellement douze pouces d'eau, remplit en peu de temps un grand reservoir de plomb de quinze pieds de haut, qui contient prés de quatre cens muids, & qui est placé au dessus & à costé de ce puits. De là, l'eau descend par de gros tuyaux de plomb enfoncez de trois pieds en terre, ausquels sont ajoûtez d'autres petits tuyaux de branchage, qui ont des robinets de cuivre pour distribuer l'eau dans tous les endroits de la Maison. Cette machine est entretenuë par l'ouvrier mesme qui l'a faite; & il y a deux hommes choisis des Soldats invalides, gagez & destinez à ce travail, lesquels ont aussi soin par le moyen de ces mesmes mulets, & d'un tombreau, d'emporter dehors trois fois la semaine, toutes les ordures qui sont ramassées dans la Maison.

Voilà tout ce qu'on a crû devoir dire touchant la structure de l'Hostel Royal des Invalides, de crainte de fatiguer par une plus longue & plus exacte description de chacun des lieux en particulier, dont on peut voir le détail dans les Planches inserées dans le corps de cét Ouvrage : de maniére que pour ne pas se rendre ennuyeux à ceux qui ne se plaisent pas à un détail si particulier de chaque chose, on a fait en sorte que les plus curieux trouveront de quoy se satisfaire dans la discussion exacte de tous ces plans.

DESCRIPTION GENERALE DE L'HOSTEL ROYAL DES INVALIDES.

SECONDE PARTIE.

Du Gouvernement & Administration de cét Hostel.

CHAPITRE PREMIER.

Des Officiers Superieurs.

S'IL est vray que tout Corps politique qui n'a point de Chef pour le gouverner, se détruit de luy-mesme, dit Salomon, & ne peut subsister ny s'entretenir dans la splendeur, qu'en suivant ponctuellement les ordres & les conseils des personnes sages qui sont preposées à sa conduite ; & comme l'Hostel Royal des Invalides devoit estre rempli d'un nombre considerable de Soldats de differens pays & de toutes sortes de nations, de divers langages & d'inclinations souvent opposées : il estoit de la derniére consequence, aprés les avoir tous rassemblez dans une mesme Maison pour soulager leur vieillesse ou leurs blessures, de les réünir sous les loix

loix & sous le gouvernement de plusieurs personnes, dont la sagesse pust retenir toûjours dans le devoir des esprits que la Guerre rend d'ordinaire indociles. C'est pourquoy le gouvernement de cét Hostel en ce qui regarde le spirituel, fut confié à une devote Compagnie de Prestres Missionnaires de la Maison de Saint Lazare, & l'administration politique & temporelle en fut donnée à differens Officiers choisis par Sa Majesté.

Pour ce qui regarde le gouvernement spirituel, Messieurs les Missionnaires de la Maison de Saint Lazare, qui y sont à present au nombre de vingt, y exercent les mesmes fonctions, & y celebrent les mesmes Offices que les Curez font dans leurs Paroisses. Outre cela l'on fait tous les mois un Service pour les Officiers & les Soldats decedez, tant dans cét Hostel, que dans les armées; & l'on dira tous les ans à perpetuité un Service pour le Roy qui est Fondateur de cette Maison. Quand quelqu'un de cét Hostel est mort, si c'est un Officier, six Ecclesiastiques assistent à son enterrement; & quatre seulement, si c'est un Soldat. Il y a tous les jours dans chaque Salle des Infirmeries un Prestre destiné à la visite & à la consolation des malades, afin de les consoler & exhorter à supporter patiemment leurs maux, & faire bon usage des infirmitez & maladies que la Providence leur envoye. Si la maladie est dangereuse, deux de ces Messieurs ont soin de leur faire recevoir le saint Viatique avec beaucoup de devotion, & plusieurs personnes s'y trouvent pour accompagner le saint Sacrement. Pendant tout le danger de la maladie, ces Messieurs les visitent tres-souvent, pour les assister, & leur rendre tout le soulagement qui leur est necessaire. Toutes les Festes & les Dimanches depuis la veille jusques au lendemain, les Confessionaux sont remplis de Prestres pour reconcilier les penitens avec Dieu. Il y a aussi parmy eux des Ecclesiastiques destinez à recevoir les Invalides Catholiques, qui sont nouveaux venus en cette Maison, pour les instruire & pour les disposer à faire une confession generale. Ils ne manquent pas aussi de faire des exhortations & lectures spirituelles quelques jours de la semaine dans les Infirmeries, dans les Salles & dans les Manufactures, afin de les entretenir toûjours dans la devotion; comme pareillement de rendre plusieurs visites aux Soldats qui sont dans les Prisons pour quelque faute, afin qu'ils fassent bon usage de leur chastiment. Enfin ces Messieurs les Prestres de la Mission pratiquent avec beaucoup de zele & d'exactitude tout ce que la charité peut leur inspirer pour le salut des ames qui leur sont commises; & l'on y voit des changemens si admirables de la main du Tres-haut, que tous les Invalides assistent ponctuellement à tous les Offices, & frequentent les Sacremens avec une devotion exemplaire.

Comme le bon ordre que Sa Majesté fait observer dans cét Hostel pour le gouvernement temporel ou politique, dépend de la prudence, des soins & de la subordination des Officiers qui y ont esté établis: nous parlerons à present de chacune de leurs Charges en particulier, sans vouloir toutefois déterminer le rang à pas-un d'eux, & n'observant icy que l'ordre qui pourra servir à l'éclaircissement de cette matiére. La premiére Charge que la sagesse de nostre Monarque établit dans cét Hostel, fut celle d'ADMINISTRATEUR GENERAL, auquel il donna un pouvoir absolu sur tout ce qui concerne cette Maison. Il faloit pour remplir cét important employ une prudence capable de faire réüssir les choses les plus difficiles: c'est pourquoy il ordonna que le Secretaire d'Etat qui a le Departement de la Guerre, fust pourvû de cét employ, & qu'il demeurast attaché à sa Charge. Cét Administrateur General nomme sous luy des DIRECTEURS pour avoir soin de toutes choses en son absence, & pour luy en rendre compte conjointement avec le GOUVERNEUR & les autres Officiers préposez pour cela. Ce Gouverneur qui est toûjours un homme dont les Services ont établi la reputation & le rendent digne de commander à tant d'Officiers & de Soldats, a sous luy un LIEUTENANT DE ROY, qui s'est aussi rendu recommandable par ses services, & qui fait en l'absence du Gouverneur tout ce qu'il pourroit faire luy-mesme, & qui exerce les mesmes fonctions que font ceux qui ont pareilles Charges dans les Places de Guerre.

Outre cela il y a un MAJOR, dont la Charge est une de celles qui a le plus d'exercice dans cét Hostel : c'est pourquoy nous en parlerons un peu plus amplement. Cét Officier est obligé à veiller sur la conduite, sur la vie & sur les mœurs de tous en general, & de chacun en particulier. Quand quelque Officier ou quelque Soldat se presente pour estre reçû, le Major le mene au Gouverneur ou au Lieutenant de Roy en son absence, qui luy fait donner quelque subsistance jusques au Samedy suivant; & aprés l'avoir fait enregistrer par le SECRETAIRE, il le renvoye jusques à ce que le Conseil ait deliberé sur sa reception. A la fin du Conseil le Major reçoit du Secretaire le nom & la qualité de tous ceux qui ont esté reçûs, afin de leur faire donner le logement & les autres choses convenables, & d'enregistrer leur nom, leur qualité, leur chambre & le temps de leur reception, pour trouver plus promptement ceux dont il auroit besoin. Il a un rôlle des quarante-cinq Compagnies qui montent la garde, avec leurs noms & leurs demeures; un des cinquante-cinq Cantons des Invalides; un des Soldats qui sont trop infirmes pour faire les exercices; un des Officiers & Soldats qui ont congé pour aller à la campagne, & du temps qu'on leur donne pour leur voyage, lequel congé ne se livre pas, que le Soldat n'ait rendu une garniture de linge au Garde-meuble, avec la clef de son armoire, & que le Sergent de son Canton n'ait témoigné que tout ce qu'il avoit en depost, est en bon état. Il tient aussi registre de ceux qui quittent de bon gré, de ceux qui ont esté chassez, ou qui ont deserté; un des infirmes, des malades, & de tous ceux qui sont dans les remédes; de ceux qui sont en prison, avec le jour de leur emprisonnement, pour mieux juger quand on les en doit faire sortir; de ceux qui reviennent de la campagne, qui sortent de prison, & qui entrent en convalescence, pour leur faire donner du linge & les autres commoditez; & enfin de ceux qui ont permission de coucher dehors quelques jours de la semaine. Et afin que rien n'échappe à la connoissance du Major, il y a deux AIDE-MAJORS, qui font tous les jeudis à dix heures du soir, & tous les vendredis matin la visite dans toutes les chambres des Invalides, & dans les Infirmeries, pour rendre compte de tout au Major qui confronte le rôlle desdits Aide-majors avec celuy des Sergens, qui doivent faire tous les matins depuis cinq heures & demie jusques à six & demie la visite dans les cartiers de leurs Compagnies ou de leurs Cantons, pour sçavoir ceux qui ont découché, & en faire leur rapport au Major sur peine de prison, ou de privation de Charge; & on leur donne pour cét effet du papier, de l'ancre, de la chandelle, une lanterne, & trente sols tous les mois. Le Major doit tous les jours prendre l'ordre du Gouverneur ou du Lieutenant de Roy en son absence, & le donner aux Sergens commandans, en les faisant à cét effet ranger tous en cercles dans la grande Court proche le Corps-de-garde. Le Major & les Aide-majors se doivent trouver tous les jours aux Refectoirs durant le repas des Soldats, pour empescher les desordres, & faire tenir chacun en sa place, jusques à ce que le Commissaire les ait comptez, & que la cloche ait sonné pour les laisser sortir. Et à l'égard des Officiers qui mangent aprés le repas des Soldats, dans leurs Refectoirs separez, où il y a à present huit tables ovalles, le Major a soin de les faire remplir de douze. Mais comme le nombre n'est pas suffisant pour celuy des Officiers qui est accrû de beaucoup, les supernumeraires sont obligez de manger dans un des Refectoirs des Soldats le plus proche, jusques à ce qu'il y ait une place vacante aux autres tables, que le plus ancien de ces derniers venus doit occuper, quand le Major l'en avertira, afin d'éviter toutes jalousies & querelles qui pourroient naistre entre les Officiers à ce sujet. Lorsqu'il arrive quelque differend entre eux, le Major s'en informe, & en fait rapport au Gouverneur: mais si le differend arrivoit entre le Major & les Officiers, le plus ancien Officier est obligé d'en avertir le Gouverneur ou le Lieutenant de Roy. Le Major a soin aussi de faire donner du bois aux deux Corps-de-garde depuis le premier jour de Novembre jusques au dernier jour de Mars, & nommer un Soldat pour en faire les portions & les distributions chaque jour. Le Major & les Aides-majors mettent des Sentinelles aprés souper dans tous les passages, pour observer si les Soldats qui ne sont point de la Religion Pretenduë Reformée, vont à la Priére qui se fait immediatement aprés le souper. Il prend la connoissance de tout ce qui se trouve dans la chambre des Officiers ou des Soldats decedez, dont il fait l'inventaire en presence de quelques témoins, & met tout dans son magazin, pour en disposer selon la derniére volonté du défunt, dont le Curé ou le Confesseur portent témoignage, afin d'en rendre bon compte aux heritiers, s'il s'en presente; & s'il ne s'en trouve point, les hardes sont venduës à l'encan, & l'argent qui en provient, est employé à faire prier Dieu pour le défunt, suivant l'ordre qui a esté donné. Enfin le Major est obligé de faire observer exactement les ordonnances publiées dans l'Hostel, & faire son rapport contre les contrevenans, au Gouverneur ou au Lieutenant de Roy en son absence.

Le CONTROLLEUR DES BASTIMENS qui fut établi pour veiller & avoir soin de la construction de tous les ouvrages, en examinoit tous les matereaux, les rebutoit, quand ils n'estoient pas de la qualité & des conditions requises, & prenoit garde qu'ils fussent placez selon les regles de l'Art, & suivant les marchez & les devis. Mais depuis que ce Bastiment est achevé, il a soin de voir si toutes les reparations se font dans le temps & de la maniére qu'il faut. Il tient memoire de tous ceux qui travaillent aux entretiens de tous les ouvrages qu'ils y font, comme ils sont obligez, pour les faire payer à la fin de chaque quartier sur le certificat qu'il leur donne pour porter au Directeur, qui donne une ordonnance qu'on porte au Tresorier de la Maison. Avant la construction de cét Hostel on logeoit les Officiers & Soldats Invalides dans la maison d'un particulier fort spacieuse & assez commode, qu'on avoit loüée, en attendant que ce Bastiment fust logeable; & pour l'œconomie de cette Maison on y établit un Contrôlleur qui faisoit les achats & provisions de toutes les choses necessaires, tant pour la nourriture, que pour le vestement & entretien des Officiers & Soldats. Mais aussi-toſt qu'on eut rendu logeable ledit Hoſtel Royal, on établit des Marchands Pourvoyeurs, pour fournir toutes les choſes qui s'y employent, & qui s'y conſument journellement, avec des marchez des qualitez & quantitez neceſſaires, paſſez entre les Marchands Pourvoyeurs, & l'Adminiſtrateur General, pour le temps & lieu dont il eſt convenu, ainſi qu'il eſt plus amplement ſpecifié ſur quelque autre article de ce Livre; en ſorte que le Contrôlleur fut déchargé des ſoins qu'il avoit auparavant, & ne s'applique plus qu'à recevoir & enregiſtrer toutes les choſes qui ſont fournies pour la conſommation & l'uſage de cette Maiſon; & preſque en meſme temps on y établit un COMMISSAIRE qui a les meſmes ordres, & y fait les meſmes fonctions en ce qui regarde l'œconomie & police des vivres & d'autres dépenſes qui s'y font; en travaillant conjointement à examiner, viſiter & recevoir toutes les proviſions & denrées qui ſervent à la nourriture & à l'entretien des Officiers & Soldats Invalides, afin que les Marchands Pourvoyeurs ne livrent rien qui ne ſoit de la qualité & quantité portée par leurs marchez: ſur quoy le Commiſſaire a ſoin auſſi d'en tenir des feuïlles & des revûës de tout, pour eſtre confronté & examiné au Conſeil avec les Regiſtres du Contrôlleur qui ſont arreſtez par Meſſieurs les Directeurs. Pour cét effet, les Portiers ont ordre d'arreſter à la porte tout ce qui entre pour la ſubſiſtance & ſervice de l'Hoſtel, & d'envoyer un Soldat de la garde avertir le Commiſſaire, afin qu'il vienne voir & viſiter ſi les choſes arreſtées ſont de la qualité & de l'uſage portez par les marchez; & ſi cela n'eſt pas, le Controlleur & le Commiſſaire ont droit de renvoyer ces denrées, & d'obliger le Marchand d'en rapporter d'autres mieux conditionnées. Que ſi dans l'uſage de ces proviſions on s'apperçoit de quelque fraude dans le poids, dans la meſure ou dans la qualité, ils en font reprimande au Marchand; & s'il y retombe une autre fois, ils ſont obligez d'en informer l'Adminiſtrateur General, qui ordonne au Directeur que ledit Marchand Pourvoyeur ſoit mis à l'amende, ainſi qu'il plaiſt à l'Adminiſtrateur. De ſorte que le Commiſſaire & le Contrôlleur doivent ſe trouver à la reception de toutes les proviſions qui ſe conſument dans la Maiſon, & en tenir un compte exact au Conſeil, où Meſſieurs les Directeurs examinent la dépenſe, & ordonnent les payemens à la fin de chaque mois, ſur les rôlles qu'on leur preſente. Le Contrôlleur doit auſſi donner aux Officiers & aux Soldats dans l'écheance des temps, des billets pour avoir des habits, des chapeaux, des ſouliers, & le reſte, afin que ſur ces billets paraphez de luy & du Secretaire, qui eſt une marque que le temps d'avoir ces ſortes de choſes, eſt veritablement échû, attendu que le Secretaire en tient regiſtre correct & fidéle, les Marchands leur donnent les hardes que le Commiſſaire a ſoin d'examiner, pour voir ſi elles ſont de la qualité requiſe. Il fait auſſi tous les vendredis une revûë dans toutes les chambres & dans les autres lieux de la Maiſon, pour ſçavoir le nombre des Officiers & des Soldats, & envoye cette revûë à l'Adminiſtrateur General, en quelque lieu qu'il ſoit; en rend compte le lendemain au Conſeil, à la fin duquel le Secretaire luy donne le nom, la qualité & la quantité des Officiers & Soldats qui ont eſté reçûs le meſme jour, pour les marquer ſur ſa revûë, & leur faire donner les vivres & les autres choſes neceſſaires. Il aſſiſte auſſi à tous les repas dans les Refectoirs, compte les Officiers & les Soldats qui y ſont, afin de meſurer & de proportionner les vivres, & mettre par compte ce qu'il y a de conſommation

tion effective dans chaque jour, & a soin d'examiner tout le service qui leur est necessaire, & tient la main pour que l'on leur donne les vivres autant bien conditionnez que faire se peut, & de la qualité & quantité qu'il a esté ordonné. Il va tous les jours à dix heures du matin compter les prisonniers, & leur fait donner tous les deux jours à chacun un pain, comme aux autres Soldats: tout cela afin de tenir un compte exact de toutes choses, en sorte que rien n'échappe à sa connoissance, & qu'on sçache jusques à la moindre chose, ce qui se consume à chaque repas & à chaque jour. Il a soin aussi d'examiner tous les travaux qui se font aux Manufactures & autres lieux de la Maison, afin que tout aille à l'occupation & au bien des Soldats, suivant l'ordre & les intentions de l'Administrateur General. Et comme il est difficile de pouvoir vacquer exactement à tout, il a obtenu un Aide pour partager avec luy ses soins, & pour faire les mesmes fonctions en cas d'absence ou de maladie.

Le SECRETAIRE fait un extrait des passeports & certificats de service de ceux qui se presentent pour estre admis aux Invalides, & rapporte cét extrait au premier jour de Conseil, qui est le samedy de chaque semaine, auquel il fait tout haut la lecture de ceux qui demandent à estre reçûs; & le Conseil ayant examiné les certificats, le Directeur écrit à costé de chaque extrait, Reçû, ou Refusé, specifiant les raisons pour lesquelles ils ne meritent pas d'estre reçûs, ausquels on donne quelquefois de l'argent pour les aider à se retirer en leur pays, à proportion de la distance des lieux. Il donne ensuite les noms, surnoms & qualitez de ceux qui ont esté reçûs, au Major, afin qu'il les loge, & que le Garde-meuble leur donne le linge qui leur est necessaire. Il en fait de mesme à l'égard du Contrôlleur, pour qu'ils aillent prendre chez luy quelques autres commoditez qu'il est obligé de leur fournir. Il doit aussi donner au Commissaire la quantité & qualité des reçûs, afin qu'il regle la dépense du pain & du vin. A la fin du Conseil il presente un livre au Directeur, où sont écrits le nombre & qualitez de ceux qui ont esté reçûs, au bas duquel il met son paraphe seulement. Il luy donne ensuite une copie de la reception, avec la revûë qui a esté faite le soir precedent, pour l'envoyer à l'Administrateur General, qui est par ce moyen pleinement informé de la quantité du monde qu'il y a dans la Maison. Il fait toutes les semaines le compte de toutes les provisions & de la dépense de la Maison, sur les registres & memoires de ceux qui sont chargez d'écrire cette dépense, & les presente aux Directeurs, afin qu'ils les arrestent & les signent aprés les avoir examinez & confrontez sur les feuïlles & revûës du Commissaire. A la fin du mois il fait une récapitulation des comptes de chaque semaine, au bas de laquelle est une ordonnance du Directeur qu'on envoye au Tresorier, pour payer ceux qui ont fourni quelque chose le mois passé.

Comme les Soldats ont congé de sortir trois fois la semaine, & quelques-uns tous les jours; pour cét effet le Secretaire leur donne une carte ou un billet signé du Gouverneur, où leur nom est écrit, & les jours qu'ils peuvent sortir: sans cela les Portiers les arresteroient, quand ils se presenteroient à la porte. Il livre pareillement des congez & passeports faits sous le nom du Gouverneur, aux Soldats qui demandent permission d'aller en Province pour leurs affaires particuliéres; à ceux qui renoncent ou qui ne veulent plus rester dans la Maison; à ceux qui estant gueris, demandent à rentrer dans le service, dont il tient registre; comme de ceux qui ont deserté ou sorti sans permission; de ceux qui ont esté chassez pour quelque crime; & enfin de ceux qui sont decedez. Le lundy de chaque semaine il paraphe les billets que le Contrôlleur a donnez à ceux pour qui le temps d'avoir des habits, est échû. Il fait tous les trois mois un état des gages & appointemens dûs aux Officiers, Domestiques & Valets servans dans cét Hostel, au bas duquel le Directeur met son ordonnance pour la porter au Tresorier, qui les paye aussi-tost. Il tient registre exact & par ordre de toutes les hardes fournies aux Invalides, & en fait des états tous les trois mois. Il tient encore un registre de tous les meubles de la Maison, & de ceux qui les fournissent, pour servir de contrôlle au Garde-meuble. Enfin, le Secretaire est le depositaire de tous les titres, papiers, registres & memoires qui concernent la Maison, & les conserve comme des piéces authentiques, pour faire foy de tout ce qui s'y passe.

Quoy-que jusqu'à present tous les Habitans de cét Hostel se soient assez bien acquittez de leur devoir, & qu'il n'ait pas esté besoin de les retenir par les rigueurs de la Justice: on a toutefois prévû à ce qui pourroit arriver de fascheux; & l'on y a creé un Prevost & cinq Archers à cheval, dont un luy sert de Greffier: tous lesquels Officiers sont choisis parmy les moins invalides. Le Prevost se promene dans l'Hostel avec ses Archers aux jours de Dimanche & de Feste, pour observer si tous les Catholiques Romains vont à l'Eglise pour assister au Service divin & aux Priéres publiques. Il est present à tous les repas, pour appaiser tous les desordres & les querelles qui y pourroient survenir. Il visite les lieux publics, comme les Manufactures & les Ateliers, où travaillent les Invalides, pour empescher les disputes qui y pourroient arriver par des Soldats. Il fait aussi tous les soirs la visite avec ses Archers, pour observer si tout le monde se trouve à la Priére à la sortie du souper des Soldats. Il monte à cheval pendant la journée, & visite les avenuës, les grands-chemins & toutes les dépendances de l'Hostel, observe la conduite des Soldats, & arreste ceux qui causeroient quelques desordres. Il tient aussi un rôlle de tous ceux qui ont esté accusez & convaincus de quelque faute, & punis de quelque peine, pour y avoir recours au besoin. Enfin quand il surprend quelqu'un en faute notable, il le fait mettre dans les Prisons de l'Hostel, à la requeste du Major, en informe le Gouverneur, & en dresse son procés verbal, en instruit le Conseil de Guerre qui se tient en l'appartement du Gouverneur, fait rapport du procés en presence des Juges & de l'accusé; & aprés les interrogatoires faits, sur les preuves & sur les depositions des témoins il recueille les voix, fait dresser la Sentence par le Greffier, & la fait executer sur le champ.

CHAPITRE II.

Des Officiers subalternes.

LE GARDE-MEUBLE est un des Officiers les plus employez de l'Hostel, soit pour l'étenduë de sa Charge, soit pour l'exactitude que demande cét employ. Il a soin de distribuer tout le linge necessaire, tant aux Officiers qu'aux Soldats, & aux Offices pour les tables. Aussi-tost qu'un Officier est reçû, on luy fait porter son linge dans la chambre où il doit coucher ; & quand c'eſt un Soldat, il porte de la part du Major un billet au Garde-meuble qui luy donne, outre les uſtanciles neceſſaires, une paire de draps, deux chemiſes, deux calleçons, deux paires de chauſſettes & de chauſſons, deux coëffes de nuit, deux cravattes, deux ſerviettes, afin qu'il puiſſe mettre au blanchiſſage une de ſes garnitures de linge, tandis qu'il ſe ſert de l'autre. Et pour faire cette diſtribution avec ordre & promptitude, on porte tous les mois dans la chambre de chaque Officier, une paire de draps, & tous les Dimanches matin une garniture de linge blanc, en reprenant celle qu'il a quittée. Et comme il eſt tres-difficile de donner à plus de deux mille perſonnes chacun ſon linge en particulier, on a partagé tous les Soldats en ſix Cantons, & l'on donne un mardy à un Canton depuis ſix heures du matin juſqu'à neuf, des draps marquez du cachet de ce Canton ; & le mardy ſuivant à un autre Canton ; ainſi du reſte : de maniére que tous ont des draps blancs toutes les ſix ſemaines ſans confuſion. Et pour l'autre linge, ils ſont obligez tous les ſamedis depuis cinq heures du matin juſqu'à onze, de porter au Garde-meuble une garniture complete de linge ſale, afin d'en recevoir une de linge blanc. Les Garçons de Cuiſine & des Refectoirs viennent auſſi à certains jours de chaque ſemaine luy apporter le linge ſale par compte, & en reçoivent autant de blanc. Il a ſoin auſſi tous les ſoirs d'envoyer aux Infirmeries & dans les chambres de ceux qui ſont tombez malades, reprendre le linge ſale, afin de leur en redonner de blanc au retour de l'Infirmerie. Quant à ceux qui ſortent de la Maiſon pour aller à la campagne, ou pour ſe retirer tout-à-fait, on ne leur délivre point de congé, que le Garde-meuble n'ait reçû toutes leurs uſtancilles, leurs draps & une de leurs garnitures, l'autre leur demeurant pour toûjours ; & il a ſoin en rangeant & en pliant le linge, de mettre à part celuy qu'il faut raccommoder, ou qui ne peut plus ſervir qu'à penſer les malades. Il donne auſſi à pluſieurs Garçons des Refectoirs une quantité de vaiſſelle, marquée d'autant de differentes marques, qu'il y a de perſonnes qui en ont beſoin, afin que l'un ne puiſſe pas prendre celle de l'autre ; & chacun de ces Garçons a ſoin de ſon lot, & rapporte la vaiſſelle qui ne peut plus ſervir, au Garde-meuble qui la change tous les quartiers, & garnit enfin les chambres de toutes les choſes qui ſont neceſſaires.

Les POURVOYEURS font marché de fournir toute la volaille neceſſaire aux Infirmeries pour les malades & bleſſez, & à la grande Cuiſine pour les Officiers les jours qu'il leur en eſt ordonné ; comme auſſi de fournir toutes les denrées maigres de table, excepté le pain, le vin, la viande de boucherie, le ſel, le bois & la chandelle, pour leſquelles il y a d'autres perſonnes arreſtées.

Il y a une Boulangerie établie dans cét Hoſtel, aſſortie de toutes les uſtancilles & commoditez neceſſaires ; & le Boulanger qui a entrepris le marché de fournir le pain ſuivant le bled qu'on luy livre, ſe charge par inventaire de toutes ces uſtancilles, leſquelles il doit rendre en bon état, comme on les luy a données, à la fin de ſon marché. Il y a logement pour luy & les garçons qui le ſervent ; des greniers, des chambres, des fours, & tout ce qui eſt neceſſaire pour les commoditez d'une Boulangerie bien ordonnée. Il reçoit du Commiſſaire & Contrôlleur le ſeptier de bled pur froment ſur le pied de deux cens trente livres peſant, dont il doit rendre deux cens vingt-cinq livres de pain ; ſçavoir un huitiéme de blanc, façon de Goneſſe pour les Officiers de la Maiſon, & pour les malades & bleſſez aux Infirmeries; & les autres ſept parties, du pain bis-blanc, tant pour les Soldats, que pour les domeſtiques, moyennant quoy tous les ſons provenans deſdits bleds ſont au profit du Boulanger; & il peut les vendre à qui bon luy ſemblera, auſſi-bien que les revenant-bons qui luy reſtent de chacun ſeptier de bled qu'on luy a livré, aprés avoir rendu les deux cens vingt-cinq livres de pain, comme il eſt obligé. Ce reſtant qui eſt pour ſes gages & pour ceux de ſes garçons, pour le bois & autres frais qu'il doit faire pour la facture du pain, luy eſt payé tous les quartiers, ſur le pied qu'a couſté le bled qu'on luy a fourni, afin que le revenant-bon reſte toûjours à la Maiſon. Il ſe cuit pour le preſent plus d'un muid de bled par jour. Le Boulanger fait la livraiſon du pain blanc au Sommelier à ſix heures du matin pour les Officiers; à neuf le bis-blanc pour les Soldats; & à ſept heures du ſoir pour les malades aux Infirmeries: & la police eſt ſi bien ordonnée, que l'on a placé des balances aux bouts des Refectoirs, afin qu'il ſoit libre aux Soldats de peſer leur pain, s'ils doutent qu'il ne ſoit point de poids. Car quand on livre un pain dans les Refectoirs & autres endroits, qui n'eſt point de poids, le Commiſſaire donne un écu au Soldat qui a reçû le pain, qui eſt une amende aux dépens du Boulanger. Et quand il ſe trouve que le pain n'eſt pas de bonne qualité ny bien conditionné, on l'en avertit par quelques reprimandes qu'on luy fait pour la premiére fois; & s'il y retombe, le Commiſſaire en doit avertir le Directeur pour en informer l'Adminiſtrateur General, qui ordonne que l'on faſſe payer l'amende au Boulanger, ſuivant la fraude qu'il a faite. Cette ſorte d'amende tourne au profit des Soldats, auſquels on la fait diſtribuer dans les Refectoirs, lorſqu'ils ſont tous à table; & on la regle à proportion du nombre qu'ils ſont.

ORDRE QUE L'ON TIENT POUR LES ACHATS & proviſions des bleds de cét Hoſtel.

L'ADMINISTRATEUR General envoye dans les Provinces où ſont ordinairement les plus beaux & les meilleurs bleds, dans de certains temps où l'on peut faire des achats à bon marché & avec plus d'œconomie. Il s'en fait envoyer des échantillons, ſur leſquels les Directeurs qu'il a choiſis pour l'adminiſtration de la Maiſon, font prix avec les Marchands, pour rendre le bled bien conditionné devant le Port de l'Hoſtel, conforme aux échantillons qui en ont eſté remis entre les mains du Contrôlleur & du Commiſſaire qui ont ordre de les recevoir: de ſorte que les Marchands ſont obligez de le rendre meſuré dans le ſac; aprés quoy la Maiſon le fait enlever & tranſporter. Quant aux autres bleds que l'on achete des particuliers, ou que l'Adminiſtrateur prend ſoin quelquefois de faire acheter ſur les lieux luy-meſme, il convient avec les Bourgeois & avec des Bateliers pour la voiture juſques au devant de l'Hoſtel, en telle ſorte qu'il ſoit rendu bien conditionné, loyal & marchand, ſuivant les échantillons que l'on en a reçûs. Pour plus grande ſûreté on y envoye par ſon ordre, un Garde des Invalides, qui a ſoin de le voir proprement & ſéchement embarquer, qui eſt auſſi chargé des échantillons des meſmes bleds, dont on a fait marché; & qui ne le quitte point dans le bateau ny nuit ny jour, qu'il ne ſoit arrivé au Port de la Maiſon, afin qu'il ſoit témoin de tout ce qui pourroit arriver en chemin.

Enſuite

Ensuite on le fait mesurer par qui l'on veut, pourvû que ce soient gens qui l'entendent. Et comme l'Hostel est exempt de tous droits de Ville & autres, l'Administrateur General a fait traité avec les Officiers Maistres Mesureurs, en leur accordant la moitié de ce que l'on leur donne dans Paris, pour leurs peines seulement. Ce traité est afin que ny les Marchands, ny la Maison ne puissent point se plaindre de la mesure, parce que ce sont gens d'office & de justice, & qui font journellement ce mestier. A l'égard du Leveur de minots, on le paye de ses peines, comme par tout ailleurs, n'ayant point d'office pour cela; & pour l'enlever on prend des voitures necessaires, & des Invalides qui peuvent le mieux travailler, lesquels servent à le porter du bateau dans les charrettes, & des courts le transportent & le montent dans les greniers de la Maison, qui sont si beaux & si grands, que l'on y en pourroit mettre plus de seize cens muids: cependant l'on n'y en met environ que quatre cens muids, qui est la provision d'environ un an; où le Boulanger a soin de le faire remuer souvent, afin qu'il se conserve bien, attendu qu'il est à sa garde, & qu'il en est chargé par mesure.

Il y a pareillement une Boucherie établie dans l'enclos de l'Hostel, avec toutes ses ustancilles & commoditez necessaires; & le Boucher qui a entrepris de fournir la viande, s'est chargé de toutes ces ustancilles par inventaire, lesquelles il doit rendre en bon état à la fin de son marché. Il y a son logement pour luy & pour ses garçons; une Bouverie à mettre trente bœufs, & autant de veaux; une Bergerie pour six cens moutons; un Echaudoir, où il y a des robinets qui luy donnent de l'eau pour sa commodité, par des tuyaux qui viennent de la Machine qui en fournit à toute la Maison; & une Salle à fondre le suif, & à faire les chandelles. Chaque bœuf qu'il fournit, doit peser six cens livres, chaque veau cinquante, & chaque mouton trente. Il doit livrer trois quarts de bœuf, & un quart de veau & mouton, & le tout à trois sols la livre l'un portant l'autre, ainsi qu'il est specifié par le marché que l'on a fait avec luy pour six ans. On luy pese le corps de la beste toute habillée, c'est-à-dire, les bœufs en quartiers, & les veaux & moutons tout entiers. On luy prend les issuës de chaque veau; sçavoir la teste, la fraise & les pieds, pour cinq livres, & la fresure de chaque mouton pour une livre. On luy doit peser aussi avec l'autre viande les mâchoires de la teste de bœuf bien desossées; & le reste de cette teste, les tripailles, les pieds de bœuf & de mouton avec les peaux demeurent au Boucher, qui les fait emporter pour les vendre, ou en faire ce que bon luy semble. Il doit aussi pour plus grande propreté de la Maison faire emporter aux champs le sang & les autres immondices qui proviennent de cette Boucherie, ainsi qu'il y est obligé par son marché. Il est exempt de tous frais d'entrée, pied-fourché, & autres imposts. Il doit faire porter ordinairement à onze heures du matin toute la viande de chaque jour bien proprement habillée, à la Cuisine de l'Hostel, où le Contrôlleur & le Commissaire avec le Chef de Cuisine la reçoivent & l'examinent, si elle est de poids & de la qualité qu'elle doit estre; ensuite la font couper par les garçons du Boucher; & tiennent memoire de la quantité qui a esté fournie, pour en rendre compte tous les samedis au Conseil, avec celle qui a esté reçûë par les Sœurs de la Charité à la Cuisine des Infirmeries pour les malades. Les Directeurs donnent tous les quinze jours une ordonnance au Boucher pour estre payé. Il se consume dans cét Hostel pour les Officiers & Soldats Invalides seulement plus de deux mille livres de viande par jour, ſans compter celle que conſument Meſſieurs les Miſſionnaires, le Gouverneur, & quelques autres Officiers qui font leur fourniture ſeparément à leurs dépens: de ſorte qu'il ſe mange toutes les ſemaines vingt bœufs, vingt veaux, & cent moutons ou environ. Ce Boucher eſt encore obligé de fournir tout ce qui ſe brûle de chandelle dans l'Hoſtel, ſur le pied de ſix ſols ſix deniers la livre, en luy fourniſſant toutes les uſtancilles neceſſaires à la faire; & il en faut plus de dix à onze mille livres par an, outre les lampes dont on ſe ſert en pluſieurs endroits de la Maiſon. Et s'il arrive que le Boucher fourniſſe de la viande ou de la chandelle defectueuſe, & qui ne ſoit pas du prix & de la qualité portée par ſon marché, & qu'aprés l'avoir averti, il n'en donne pas d'autre mieux conditionnée, on en envoye chercher autre-part de la meilleure à ſes dépens pour la premiére & ſeconde fois; & s'il continuë, on luy fait ſubir les meſmes peines & amendes qu'aux autres Pourvoyeurs & Marchands fourniſſans, dont on a déja parlé.

Et à l'égard de la proviſion des vins, on traite avec des Marchands pour en fournir la quantité neceſſaire, à raiſon d'un certain prix le muid, (ſuivant l'abondance des années, qui fait le bon marché, ou la cherté) rendu en chantiers dans les caves de cét Hoſtel, rangé, relié, & bien rempli, droit & conditionné: aprés quoy le Contrôlleur & le Commiſſaire avec le Sommelier & les Marchands goûtent les vins, & examinent s'ils ſont de la qualité dont on eſt convenu. Et s'il s'en trouve de gaſté, ou qui ne ſoit pas droit, loyal & marchand, on le rebute, & on le renvoye en meſme temps au compte du Marchand; & de celuy qui ſe trouve bon, aprés l'avoir jaugé & reduit en muids, le Commiſſaire & le Contrôlleur font un compte de la quantité des muids qu'il y en a, & en donnent un certificat au Marchand pour porter au Directeur, ſur lequel il luy donne une ordonnance pour qu'il ſe faſſe payer du Treſorier de la Maiſon. Il faut ſçavoir que les Marchands de vin ſont exempts de tous frais d'entrée, paſſages de ponts, & de tous autres droits & impoſts; qu'ils ne ſont obligez qu'aux achats des vins dans le pays, & d'avoir ſoin de les conduire & faire voiturer en telle maniére, qu'ils puiſſent rendre le vin dans les caves de la Maiſon bien conditionné. L'œconomie que l'on obſerve dans ces ſortes d'achats, eſt ſi grande, que l'on a eu quelquefois de tres-bon vin blanc d'Anjou & d'autres endroits à quinze livres le muid rendu en chantier dans les caves de cét Hoſtel; & du depuis on en a eu qui ne revenoit qu'à onze livres ſeize ſols le muid, n'eſtant pas à la verité tout-à-fait ſi bon, parce que les années n'avoient pas eſté ſi favorables.

Aprés avoir parlé des achats des vins, il eſt bon de venir au détail de la Sommellerie, pour la conduite des caves, la conſervation & conſommation des vins, & d'autres choſes qui regardent les Offices. On charge le Sommellier ou Chef d'Office du ſoin de tous les vins que l'on met dans les caves. Il doit en tenir regiſtre pour en rendre compte ſuivant la diſtribution qu'il en fait; & il eſt auſſi obligé de les entretenir de reliage, de chevilles & de toutes choſes neceſſaires pour la conſervation du vin. On luy donne toutes les futailles & le reſtant des lies & baiſſiéres, aprés que la Maiſon s'en eſt pourvûë, tant pour faire les eaux de vie que l'on employe aux Infirmeries pour les remédes, que pour les écurages aux Cuiſines & Offices. On met dans les caves environ quinze cens muids de vin, qui font la proviſion de chaque année. Le Sommelier a ſoin de les viſiter deux fois par jour: tous les matins à cinq heures & demie il descend aux caves pour tirer le vin, avec cinq garçons, ausquels il fait prendre à chacun deux grands brocs pour porter le vin dans les trois Offices, où il y a six grandes cuvettes ou fontaines qui tiennent environ quatre muids, pour la provision de chaque jour. Un des Sacristains vient à la mesme heure prendre du Sommellier le vin pour les Messes à six heures & un quart: il donne à des garçons de l'Infirmerie ce qu'il en faut pour les malades; à sept heures il fait porter par quatre garçons dans la chambre de chaque Officier un demi-septier de vin, & quatre onces de pain pour déjeûner; à sept heures & demie il donne un demi-septier de vin à chacun des domestiques pour leur déjeûner; à huit heures il en donne autant aux Sergens commandans les Compagnies, & à d'autres Sergens des Cantons Invalides, & aux Tambours. Pour ceux qu'on a reçûs sur le pied de Sergent & de Cavalier, qui ne sont point employez dans l'Hostel, il ne leur appartient qu'un demion tous les matins, qui estant doublé fait un demi-septier, qu'ils vont prendre tous les deux jours à la mesme heure. A neuf heures & demie il fait remplir tous les demi-septiers des Soldats, aussi-bien que les chopines des Officiers & des domestiques, afin d'estre prest à servir, lorsqu'on se met à table: ce qui se pratique de mesme à proportion pour le souper. Le Chef d'Office prend aussi tous les samedis au soir le nombre des Officiers & des Soldats qui ont esté reçûs, pour leur livrer la mesure du vin, le pain & le service de table qu'il doit donner à chacun; sçavoir un couteau, une tasse, une cuilliére, une fourchette & un pot. C'est luy qui est chargé de toute la vaisselle d'argent, & qui la donne par compte au garçon qui sert les Officiers à table. C'est luy à qui l'on rend compte de la vaisselle de toutes les tables. C'est luy qui distribuë le pain, le vin, les salades, les collations, le dessert, l'huile, & enfin la chandelle, qu'il reçoit par compte du Boucher aprés avoir esté pesée & examinée, pour la distribuer. Mais comme il luy seroit impossible de vaquer seul à toutes les choses qui concernent son employ, il a plusieurs garçons d'office, dont quatre distribuënt les vivres, seize preparent les Refectoirs, & ont chacun certain nombre de tables & de couverts à entretenir, distinguez de leurs differentes marques, afin que l'un ne prenne point la vaisselle de son compagnon, ou ne se décharge point sur luy du soin qui le regarde. Enfin, il y en a six qui ont soin de balayer l'Hostel, d'allumer les lampes & les chandelles de tous les lieux qu'on frequente le plus, de les tenir toûjours propres, & de porter le bois pour mettre le feu aux poësles, quand il en est besoin.

Aprés avoir parlé des Offices & de leurs fonctions, il est necessaire de dire quelque chose de ceux qui sont employez à la grande Cuisine, qui est le premier fondement de la Maison.

Le CHEF DE CUISINE a sous luy un Aide & trois garçons avec un marmiton, qui sont employez à accommoder prés de deux mille livres de viande par jour. Ils commencent à mettre la viande dans les marmittes sur le feu entre deux & trois heures du matin. Il y a ordinairement cinq marmittes qui sont enchâssées dans de grands & moyens fourneaux faits exprés de chaque costé de la cheminée, dont la pluspart sont prodigieuses pour leur grandeur, ressemblans en quelque façon à des bassins de parterre, lesquelles sont destinées à faire cuire la viande pour les Soldats, & sont capables de contenir assez de boüillon pour un si grand nombre. Les autres moyennes marmittes servent pour les Officiers. Il y a aussi d'autres commoditez dans cette grande Cuisine, qui sont tout-à-fait necessaires pour la propreté & pour l'assaisonnement des viandes & des souppes que l'on appreste dans ces marmittes. Il y a une grande chaudiére enchâssée dans le mur de la cheminée, contenant plus de deux muids, qui reçoit par des tuyaux & robinets de l'eau froide, qui vient de la Machine, dont on a déja parlé. Cette chaudiére est chauffée par le mesme feu de cette Cuisine ; & cette eau estant chaude, est distribuée dans toutes les marmittes autant qu'il en est necessaire, par d'autres tuyaux & robinets qui l'y portent. Cette chaudiére sert aussi à distribuer de l'eau chaude au Lavoir qui est derriére l'atre, où il y a six personnes qui sont continuellement occupées à laver toute la vaisselle & batterie de Cuisine de la Maison. Il y a encore d'autres robinets tres-commodes & necessaires qui fournissent de l'eau froide, & en portent mesme jusques dans les marmittes, quand il en faut. Outre toutes ces avantageuses dispositions il y a encore dans cette mesme Cuisine un puits, comme dans les Courts prochaines, afin que l'eau ne puisse jamais manquer, en cas qu'il arrivast quelque desordre à la Pompe qui en fournit. Les Cuisiniers tirent la viande de ces marmittes sur les huit heures du matin pour l'accommoder & la preparer en portions. Sur les dix heures on dresse les portions pour estre servies à onze heures. Et pour estre plus exact à rendre ces portions justes, afin que chacun soit également partagé, on en fait peser auparavant une demi-douzaine que l'on met devant les Cuisiniers, pour leur servir de modéle, afin de faire toutes les autres de mesme égalité autant que l'on le peut. A dix heures & demie le bouïllon ayant esté preparé par les Cuisiniers dans des marmittes portatives, les garçons des Refectoirs viennent le prendre dans la Cuisine, d'où ils le transportent dans les Refectoirs pour en remplir les écuelles qui sont déja mises par ordre sur les tables, & que chaque Soldat a déja garnie de son pain. Ces souppes sont si bonnes, que ceux qui ont eu la curiosité de les voir dresser, en ont esté surpris, à cause de la quantité qu'il en faut. Mais il faut sçavoir aussi les soins que l'on prend pour cela. (Dans tous les autres endroits, les Cuisiniers ont accoûtumé d'avoir toutes les graisses des rosts & d'autres viandes, comme estant un profit qu'ils disent leur estre dû.) C'est pourquoy pour rendre les souppes meilleures, l'Administrateur General a fait augmenter les gages du Maistre Cuisinier & de ses garçons qui avoient part à ce profit, à condition qu'il ne leur seroit plus permis de prendre ny emporter aucune chose que ce soit, sous quelque pretexte que ce puisse estre, & sur peine d'estre puni & chassé honteusement : de sorte que l'on met dans ces marmittes tout le jus des viandes, graisses de rosts, & autres provenans de ladite Cuisine : & c'est ce qui fait un grand bien à une si grande quantité de souppes, quoy-qu'il y ait beaucoup de viandes. Et pour le souper, on commence à faire cuire la viande des Soldats à onze heures du matin, & on en fait les portions sur les quatre heures aprés midy, avec les mesmes soins qu'au disner; auquel temps on met le rost à la broche pour les Officiers, & une partie des Soldats qui roulent chacun à leur tour. On sert à six heures le souper aux Soldats Invalides, à six heures & demie à ceux qui sont de garde, ausquels on donne du rosti; à sept heures aux Officiers, & à huit heures aux commensaux. Les jours maigres donnent encore plus de peine aux Cuisiniers. Il faut chaque jour prés de quatre cens livres de beurre, plus de douze milliers d'œufs, & le tiers d'un minot de sel, dont

la

la provision destinée pour l'usage de cette Cuisine, & le reste de la Maison, est dans un cabinet que l'on a fait faire au dessus du Lavoir proche la grande cheminée de la Cuisine, qui est un lieu chaud propre à le tenir sec & en bon état. Le Contrôlleur & le Commissaire en ont chacun une clef differente, en sorte que ne pouvant avoir ce sel l'un sans l'autre, ils le livrent ensemble au Chef de Cuisine & d'Office par mesure, la quantité qu'il en faut, suivant les épreuves qui en ont esté souvent faites pour toutes choses : de sorte que pour la provision du sel, tant pour cette Cuisine, que pour les Offices, Refectoirs, & autres endroits de la Maison, la consommation se monte à la fin de l'année jusqu'à cent quatre-vingt minots que Messieurs des Gabelles sont obligez de livrer à l'Hostel, sans aucun droit, par Arrest du Conseil d'Etat donné le 10. Juin 1679. Je ne parle point de la grandeur ny de la solidité de cette Cuisine, parce qu'on la verra sur les plans & profils de ce Livre, comme une autre qui est sa pareille dans l'autre Corps-de-logis du costé du Couchant, & qui regarde celle-cy, de laquelle on se servira aussi en cas de besoin. Pour ses commoditez il y a des dépenses tres-propres de chaque costé pour recevoir & mettre les viandes ; des magasins pour les Pourvoyeurs qui doivent fournir les choses necessaires ; & du logement au dessus du Lavoir derriére cette Cuisine, pour coucher les gens qui y travaillent. Enfin elle est garnie de ses potagers, fourneaux, tables couvertes d'étain à couper les portions, & d'un grand tourne-broche extraordinaire, capable de tourner douze à quinze broches chargées de viande.

Pour le soin & la garde des Portes de cét Hostel, on a établi quatre PORTIERS, sçavoir un Chef & trois Aides, qui doivent exactement avoir soin d'ouvrir les Portes à cinq heures du matin en tout temps, & de les fermer à huit heures & demie du soir en hiver ; à neuf heures au printemps & en automne ; & à dix heures en été. Le Chef va tous les soirs, aprés avoir fermé les Portes, rendre les clefs au Gouverneur, ou au Lieutenant de Roy en cas d'absence, & les va reprendre tous les matins pour ouvrir les Portes aux heures marquées. Il a soin au declin du jour d'allumer les lampes des deux Corps-de-garde pendant toute l'année, & trois lanternes qui sont sous les trois grandes Portes depuis le premier jour de Septembre jusqu'au dernier jour d'Avril inclusivement. Il doit faire balayer par ses Aides le dessous & le devant des Portes, & faire jetter les ordures des Corps-de-garde & de la Place d'Armes, que le Corps-de-garde qui est relevé, doit nettoyer. Il a ordre de laisser sortir les Officiers invalides avec leurs épées, quand bon leur semble ; de les empescher d'entrer avec d'autres armes, & de les leur faire laisser au Corps-de-garde. Il doit laisser sortir aussi les Officiers commensaux & les domestiques de l'Hostel, toutes les fois qu'ils le voudront, à moins qu'il n'ait un ordre contraire. Il ne doit point laisser sortir les Sergens, les Cavaliers & les Soldats les jours ouvrables, à moins qu'ils ne luy montrent en sortant leurs billets de sortie signez du Gouverneur. Il a aussi ordre de les laisser tous sortir les Dimanches & Festes aprés le Service Divin depuis le premier jour de May, jusques au premier de Novembre. Quant aux autres Festes qui se rencontrent depuis ledit mois de Novembre jusques à la fin d'Avril ensuivant, il laissera sortir seulement ceux qui auront des billets : encore faut-il que les Festes échoyent à pareils jours que ceux qui sont marquez sur leurs billets. Il ne doit pareillement laisser sortir aucune denrée de l'Hostel sans l'ordre du Gouverneur, & sans en avoir averti le Commissaire.

Il ne doit pas aussi souffrir que les Invalides ou domestiques emportent hors de la Maison ny vin, ny viande, ny bois ny chandelle, ny autres choses semblables. Il faut qu'il visite les hardes des domestiques qui seront congediez, & qu'il voye leur congé par écrit ; & au cas que ces domestiques, & mesme les Invalides, ayent esté chassez de l'Hostel pour leur mauvaise vie, il ne les y laissera plus entrer, sous quelque pretexte que ce soit. Il ne laissera point non plus entrer des Soldats aux Gardes, Cavaliers, ou autres gens de cette qualité, de mesme que les personnes de livrées, à moins qu'elles n'ayent auparavant laissé leurs épées au Corps-de-garde pour les leur rendre en sortant. Il ne laissera aussi entrer aucunes femmes sans ordre exprés du Gouverneur, à moins qu'elles n'y soient venuës en carosse, excepté celles qui sont necessaires & connuës. Il doit faire conduire & ramener par un Soldat celles qui viendront voir leurs parens malades, & ne leur laisser porter aucune chose à boire ou à manger. Il doit encore avoir soin d'arrester à la Porte toutes les marchandises & denrées qui viendront pour la provision de cét Hostel, comme bois, foin, paille, vin, bleds, viande, poissons, meubles, étoffes, & autres choses pour les emmeublemens, & generalement tout ce qui dépend des provisions, jusques à tant que le Commissaire soit venu, ou son Aide, pour les visiter & voir si parmy il ne se trouvera rien autre chose qui puisse estre défendu d'apporter. Enfin, il doit prendre garde qu'il n'entre dans l'Hostel ny vin, ny eau de vie ny tabac, ny autres choses semblables, pour estre venduës en détail par les externes à ceux de la Maison. On a chargé aussi ce Maistre Portier de la consommation de tous les balais que l'on employe à balayer & nettoyer tous les endroits de la Maison, tant en dedans qu'en dehors. Il les distribuë en general & en particulier, & sçait la quantité qu'il en faut pour le temps qu'ils peuvent durer. Car aprés qu'ils sont usez, chacun les luy rapporte ou les fait rapporter au magasin qu'on luy a donné propre pour cela; aprés quoy il en donne de neufs, en recevant les vieux qu'il reserve pour luy. On fait tout ce détail pour observer dans la Maison la regle & l'œconomie de toutes choses. A cause de la grande quantité qu'il en faut, il y a un Pourvoyeur de cette marchandise, qui en apporte reglément toutes les semaines, & les donne à tres-bon prix, à cause de la grande quantité qu'il fournit. On a enfin chargé ce mesme Portier d'une petite Bibliotheque destinée à l'usage des Officiers, Soldats & domestiques de l'Hostel. Elle est composée de la plupart de livres de devotion, de quelques Vies de Saints, & d'autres personnages dont la vie a esté toute exemplaire : afin que par la lecture de ces livres, non seulement ils fuyent l'oisiveté si dangereuse, sur tout à ceux qui n'ont point d'occupation; mais encore afin qu'ils puissent s'exciter eux-mesmes à la vertu. Il écrit les noms de ceux à qui il les distribuë, afin qu'il ne s'en perde point, & qu'il puisse les retirer, quand on les aura lûs, & les representer, quand il en sera requis, attendu qu'il en est chargé par inventaire.

Aprés avoir parlé de plusieurs choses considerables de cette Maison, il n'est pas moins necessaire d'expliquer le detail de l'œconomie & conduite qui s'observe dans les Infirmeries pour les malades & blessez. C'est pourquoy nous pouvons mettre au nombre des Officiers de cét Hostel les SOEURS DE LA CHARITÉ, qui sont des filles devotes, dont l'institution & l'employ est d'assister de leurs soins les pauvres malades dans les Paroisses de Paris & autres endroits où elles ſont établies, deſquelles Sa Majeſté voulut qu'il en fuſt choiſi trente, pour rendre les meſmes ſervices aux malades & bleſſez qui ſont dans les Infirmeries de l'Hoſtel Royal des Invalides, où elles furent établies le. 16. Février 1676. Et l'on peut dire que Dieu donne des graces particuliéres à ces charitables perſonnes, pour ſe bien acquitter de cét employ: car elles rendent aux malades toutes ſortes d'offices ſans ſe dégoûter de la mauvaiſe humeur ou des maladies de ceux qui ſouffrent. Et comme leurs ſoins s'étendent generalement ſur tout ce qui ſert aux malades, dont les beſoins ſont infinis, on ne peut décrire le nombre des emplois que ces bonnes Filles exercent dans les Infirmeries. Cependant la premiére des obligations dont elles s'acquittent fidélement, regarde la Cuiſine deſtinée aux malades: & pour cét effet le Boucher de la Maiſon leur apporte tous les jours la quantité de viandes que la Sœur Superieure luy a ordonnée, tant bœuf, veau, que mouton, ſuivant le nombre des malades: ordinairement c'eſt la plus belle & la meilleure que le Boucher peut trouver, ainſi qu'il y eſt obligé par ſon marché. Elles la peſent & la reçoivent fort exactement, pour l'écrire enſuite ſur leurs livres, avec les autres dépenſes, dont elles rendent compte au Conſeil. Le Boulanger doit avoir ſoin de leur livrer la quantité de pain blanc, bien fait & conditionné, proportionnée au nombre des malades & bleſſez. Il n'y a que les valets & quelques femmes de journées dont elles ſont obligées de ſe ſervir de temps en temps pour les aider à laver le linge des malades, qui mangent du pain bis-blanc dans les Infirmeries. Le Pourvoyeur a ſoin auſſi, comme il s'y eſt obligé, de fournir & leur porter toutes les volailles qu'il faut pour les boüillons des malades, dont la Superieure donne ſon recepicé à la fin de chaque mois, pour eſtre mis en compte. A l'égard des choſes maigres, comme œufs, beurre & fromage, elles les envoyent prendre à l'Office & à la Cuiſine de l'Hoſtel, ſous des billets qu'elles donnent au Contrôlleur, qui a ſoin de les employer chaque ſemaine avec les autres conſommations de pareille nature. Le vin qu'elles donnent aux convaleſcens, & qu'elles employent pour les remédes, elles le viennent prendre à l'Office de la Maiſon. Pour le bois, elles en prennent une quantité ſuffiſante pour leurs proviſions, pareil à celuy que l'on fait venir pour l'uſage de l'Hoſtel: quelquefois elles en achetent elles-meſmes ſelon l'occurrence des temps. Elles ont des caves, des offices & des magaſins, propres & capables de contenir telle quantité de proviſions qu'elles voudront faire. Et pour revenir aux emplois de cette Cuiſine, elles y ſont occupées à faire cuire les viandes, à preparer les boüillons & les autres alimens neceſſaires aux malades, à laver & écurer la batterie de cuiſine, & à y tenir toutes choſes dans une propreté & netteté que l'on ne ſçauroit trop admirer. Elles ſont chargées de l'Apothiquairerie, elles y preparent tous les remédes neceſſaires, tant aux malades qui ſont dans les Infirmeries, qu'aux autres perſonnes incommodées dans la Maiſon. Elles diſtribuënt les remédes aux heures marquées par le Medecin; elles donnent auſſi aux Chirurgiens les onguens, emplatres & autres choſes dont ils ont beſoin pour penſer ceux qui ont des playes. Ce ſont elles qui achetent toutes les drogues dont elles font les compoſitions & remédes, conjointement avec l'Apothiquaire. Elles ont une Lingerie qui eſt digne d'admiration, tant pour la propreté, que pour l'ordre qu'elles y gardent. Cette Lingerie eſt deſtinée ſeulement pour les malades & bleſſez qui ſont à l'Infirmerie: auſſi prennent-elles ſoin de faire blanchir le linge elles-meſmes, en faiſant la leſſive chaque ſemaine, & quelquefois plus ſouvent; & on y met chaque fois plus de quatre ou cinq mille piéces de linge, avec plus de cent cinquante paquets de compreſſes, de bandes & de charpies, tantoſt plus, tantoſt moins, ſuivant le nombre des malades. Quelques-unes de ces Sœurs reſtent toujours auprés des femmes qui font la leſſive, pour leur aider; d'autres étendent le linge dans les greniers pour le faire ſécher. Elles n'oublient point à raccommoder celuy qui eſt vieux & rompu, contribuant en cela à l'épargne & au bon ménage, tant qu'elles peuvent. Elles ont ſoin de conſerver les habits des malades, dans des magaſins, pendant le temps qu'ils ſont à l'Infirmerie, où ils ne ſe ſervent que d'une grande robe de chambre bleuë que ces bonnes Sœurs leur apportent avec une paire de pantoufles. Comme dans leur Garde-meuble il y a pluſieurs & differens habits, afin de les connoiſtre, elles mettent un billet ſur chaque habit, qui contient le nom, le ſurnom & le numero du lit du malade, afin que quand il aura recouvré la ſanté, elles puiſſent luy rendre ſon meſme habit qu'il avoit en entrant, en reprenant en meſme temps les choſes qu'elles luy avoient données. Elles tiennent le lieu où ſont conſervez ces habits, fort propre, & ont ſoin de laver, nettoyer & raccommoder les robes des malades, quand il en eſt beſoin. Elles vont aux Infirmeries environ à cinq heures du matin pour donner les bouïllons aux plus debiles d'entre les malades, & faire les lits generalement par tout, & enſuite donner le pain à tous ceux qui en doivent avoir, & pour rendre dans la ſuite du jour aux uns & aux autres tous les ſervices dont ils ont beſoin. Elles balayent les Salles deux fois le jour, lavent la vaiſſelle aprés le diſner & le ſouper. Elles ont un grand ſoin de tenir les lits & tous les meubles de l'Infirmerie tres-proprement. Le linge de chaque malade conſiſte en douze piéces, ſçavoir deux draps, une chemiſe, une camiſolle, un calleçon, une paire de bas, deux mouchoirs, une coëffe de nuit, une ſerviette, une taye d'oreiller, & un drap à mettre ſur le lit: chacune de ces piéces eſt bien pliée & rangée en particulier dans les magaſins des linges, dont l'ordre eſt admirable à voir. On les change reglément une fois la ſemaine, & plus ſouvent quand il eſt neceſſaire. Il y a auſſi pour le ſervice de chaque malade huit piéces de vaiſſelle, ſçavoir deux pots, une taſſe, une écuelle, une aſſiette, une ſauciére, une cuilliére, & un pot de chambre: les Sœurs les tiennent toûjours fort propres & fort nettes. Voicy la maniére dont elles nourriſſent les malades, ſuivant l'ordre qu'elles en ont reçû. Elles les font diſner tous les jours à dix heures du matin, & ſouper à cinq heures du ſoir reglément, en quelque temps que ce ſoit. Elles donnent ordinairement chaque jour à ceux qui ne peuvent pas uſer de pain ny de viande, trois œufs & quatre bouïllons, & plus s'il en eſt beſoin: mais lorſqu'ils commencent à manger, outre le pain elles leur donnent de la volaille, du veau & du mouton: quand ils ſe portent mieux, elles donnent à chacun une livre de viande, une chopine de vin & leur pain. Auparavant la viande, elles portent des marmittes pleines de bouïllon dans les Salles, pour tremper & diſtribuer les potages à un chacun. L'on donne du bouïlli à diſner, & du roſti à ſouper. L'on porte auſſi enſuite fort proprement les viandes dans de grandes caſſerolles couvertes que l'on poſe ſur des tables qui ſont en chaque Salle de l'Infirmerie, où la Sœur Superieure aſſiſte avec une grande partie des autres Sœurs, pour faire & diſtribuer les portions à tous ceux qui en doivent avoir, ſuivant l'ordonnance du Medecin. De plus elles

elles donnent aux malades des petites douceurs, comme citrons, oranges, biscuits, confitures, & autres choses, selon leur appetit & selon qu'il est convenable. Quelques-unes de ces Sœurs demeurent pendant la nuit dans l'Infirmerie, & veillent auprés des malades pour les secourir & servir, quand ils en ont besoin: elles leur donnent des bouïllons; elles les changent, quand il est necessaire, & elles assistent les moribonds jusques à la mort. Elles ont soin de disposer & preparer toutes choses dans le lieu où est chaque malade, lorsqu'il doit recevoir les Sacremens. Elles ont en leur disposition tout le linge qui est necessaire pour cela; & dans chaque Salle il y a un lieu fermé à clef, où elles le tiennent toûjours tres-blanc & tres-propre. Enfin, la charité de ces bonnes Sœurs est si grande, qu'elles ensevelissent les morts dans une chambre particuliére destinée à cét effet, où ils restent en depost jusques à ce que l'on les vienne prendre pour en faire l'enterrement. Outre les soins qu'elles ont des malades, elles rendent encore service à quelques personnes imbecilles d'esprit, qui sont séparées des autres dans des loges particuliéres. Elles vivent toutes sous l'obeïssance d'une d'entre elles, qu'une vertu consommée a fait leur Superieure. Elle reçoit les malades dans les Infirmeries sur les billets du Medecin, leur choisit une place & un lit, & rend seule compte aux Directeurs de la recepte & de la dépense qu'elle fait pour leur soulagement.

Sa Majesté a fait établir dans cét Hostel pour le secours & soulagement des malades & blessez un tres-habile Medecin, un Chirurgien & un Apothiquaire. L'on a choisi le Medecin parmy les plus experimentez du temps, qui a consumé une bonne partie de ses premiéres études aux Campagnes des armées du Roy, & qui a les mesmes qualitez & honneurs que ceux des Maisons Royales. Il a son logement fort commode & spacieux dans cette Maison, afin qu'il puisse visiter & secourir tous les malades & blessez avec un soin particulier, à quelque heure que la necessité le demande. Il fait tous les jours sa visite le matin dans toutes les Salles de l'Infirmerie, pour voir & connoistre ceux qui ont besoin de son secours, examine les malades chacun en particulier, avec l'Apothiquaire qui l'accompagne toûjours, & qui porte avec luy le livre des remédes, pour y écrire les medicamens que le Medecin juge à propos d'ordonner. L'Apothiquaire a soin d'aller ensuite aprés cette visite à la Pharmacie porter le registre, & faire voir à celles des Sœurs qui en ont le soin, les ordonnances du Medecin, afin qu'elles luy fournissent les drogues pour composer & preparer les remédes, pour les porter ensuite exactement aux malades à l'heure prescrite. Enfin, les malades & blessez sont traitez avec tant de soin pour la Medecine, que s'il arrivoit quelque accident ou mal extraordinaire, ils y trouvent un prompt secours. Car outre le Medecin & l'Apothiquaire, il y a un Chirurgien qui n'abandonne pas l'Infirmerie.

Le Chirurgien donc de cét Hostel a esté choisi aussi parmi ceux que l'on trouve les plus capables, & qui ont déja beaucoup d'experience, & travaillé soit dans les Hospitaux de l'Armée du Roy, ou dans ceux de Paris & autres Villes, suivant l'examen qui en est fait en le recevant par les premiers Maistres Chirurgiens de Paris. Il a son logement dans l'Infirmerie, est nourri, & reçoit des gages de la Maison pendant l'espace de six années consecutives qu'il y doit travailler, à la fin duquel temps il gagne sa Maistrise, & a droit de travailler publiquement comme les autres Maistres Chirurgiens de Paris, ainſi qu'il eſt plus amplement porté par l'Edit de Sa Majeſté pour l'établiſſement de la Maiſon : de ſorte qu'eſtant reçû, il a ſoin de penſer tous les malades & bleſſez deux fois le jour. A cinq heures du matin il commence de les aller penſer dans toutes les Salles de l'Infirmerie, avec quelques Fraters que l'on a choiſis parmi les Soldats Invalides, pour l'aider & luy porter les onguens & autres remédes neceſſaires. Et aprés avoir penſé tous les malades des Salles ſur les huit à neuf heures, ſuivant la quantité qu'il y en a, il va dans une chambre deſtinée à penſer tous ceux qui peuvent venir tant des convaleſcens de l'Infirmerie, que des autres Soldats de l'Hoſtel qui n'ont que de legeres bleſſures. Il a auſſi ſoin d'aller viſiter d'autres endroits particuliers attenant l'Infirmerie, comme les loges où ſont les Inſenſez, ou ceux qui y ſont pour punition de quelque faute notable, pour voir s'ils n'ont pas beſoin de ſon ſecours. Il en fait de meſme à l'égard de ceux qui ſont affligez de la maladie venerienne, ou de quelque mal honteux. Ce lieu eſt appellé parmi les gens de la Maiſon, la Chambre des Bains, où l'on a mis deux Fraters gagez comme les autres domeſtiques, que l'on a choiſis parmi les Invalides, pour ſervir & veiller les malades qui y ſont. Cette Chambre a eſté établie dans l'Hoſtel pour la commodité, l'utilité & le ſoulagement. Car auparavant l'on eſtoit obligé de les envoyer à la Ville, où une perſonne prenoit le ſoin de les traiter; ce qui alloit à de grands frais, quoy-qu'ils ne fuſſent à beaucoup prés ſi bien ſoignez, ſi commodément penſez, ni ſi toſt gueris. Car on en a vû qui ont recouvré la ſanté en moins de trois ſemaines, par les ſoins que l'on y apporte, & les remédes propres que l'on leur donne. C'eſt pour cette raiſon que Sa Majeſté par une bonté & une charité digne du plus Grand Roy du monde, veut bien que les Cavaliers & Soldats de ſes troupes, qui ſont infectez de ce mal, viennent à l'Hoſtel des Invalides, pour s'y faire traiter juſques à entiére gueriſon: aprés quoy la Maiſon leur donne quelque argent pour leur faciliter le moyen d'aller rejoindre leur Regiment, en quelque lieu qu'il ſoit. Environ ſur les trois heures du ſoir le Chirurgien recommence ſa viſite, & ſuit le meſme ordre & les meſmes meſures pour les penſemens, que le matin. Et afin que tout contribuë au ſoulagement des malades & bleſſez, les Sœurs & l'Apothiquaire ont ſoin d'appreſter & de donner tout ce qui peut eſtre neceſſaire pour les penſer, comme toute ſorte de linge, onguens, & autres choſes, ſuivant le beſoin que le Chirurgien en juge eſtre neceſſaire. Enfin, le Chirurgien doit avoir tant de ſoin de ſes malades & bleſſez, que s'il leur arrivoit quelque nouvel accident hors des heures de penſer, ſoit le jour, ſoit la nuit, il eſt obligé de les venir ſecourir auſſi-toſt qu'il en eſt averti. C'eſt pourquoy il a un cabinet dans ſa chambre fait exprés, qui eſt garni de toutes ſortes d'outils & d'inſtrumens propres & neceſſaires à l'art de Chirurgie, que la Maiſon a fait faire, & deſquels il eſt chargé par inventaire, & dont il doit rendre compte à la fin de ſon temps, à celuy qui entre à ſa place. Il eſt encore chargé de fournir des bequilles & jambes de bois tant aux Officiers qu'aux Soldats qui en ont beſoin; de bandages & brayers à ceux qui ſont affligez de deſcentes, dont le nombre eſt grand, en faveur deſquels le Roy par un ſurcroiſt de bonté digne d'un veritable ſucceſſeur & heritier de la piété & de la charité de Saint Loüis, prend la peine de compoſer un remede connu à tres-peu de perſonnes, & le fait envoyer tout préparé au Medecin de l'Hoſtel, qui le remet au Chirurgien, pour le leur faire prendre; dont pluſieurs, & ſur tout ceux qui ne ſont pas trop avancez en âge, ont eſté parfaitement gueris. Il tient un regiſtre de toute la dépenſe qu'il fait tant en jambes de bois, bequilles & brayers, que pour achat & raccommodages des inſtrumens de ſon art, qui eſt arreſté toutes les ſemaines au Conſeil; & il eſt rembourſé de cette dépenſe à la fin de chaque mois. Il a encore ſoin de voir ſi les Barbiers que l'on a choiſis, & auſquels la Maiſon donne des gages, comme aux Fraters, pour raſer les Officiers & Soldats toutes les ſemaines, font bien leur devoir. Et à l'égard du choix de l'Apothiquaire, l'on y obſerve les meſmes meſures qu'à celuy du Chirurgien. Il a ſon logement de meſme que luy dans l'Infirmerie; il eſt nourri & gagé de la Maiſon pendant ſix années conſecutives qu'il y doit travailler, à la fin deſquelles il gagne ſa Maiſtriſe, ainſi qu'il eſt plus amplement porté dans l'Edit de l'Etabliſſement de la Maiſon, dont on a fait mention au commencement de ce Livre. Sa principale fonction eſt de travailler conjointement avec les Sœurs dans le Laboratoire, qui luy fourniſſent les drogues propres pour compoſer & preparer les remédes & medicamens qu'il convient donner aux malades aux heures preſcrites par l'ordonnance du Medecin, qu'il a écrites dans le temps de ſa viſite.

CHAPITRE III.

Des Statuts & Reglemens de l'Hoſtel.

CES Statuts & Reglemens dont nous avons à parler, eſtant le reſultat des Conſeils qui ſe ſont tenus, & qui ſe tiennent de temps en temps dans cét Hoſtel; & l'ordre qu'on obſerve dans ces Aſſemblées, faiſant la principale partie de ces Reglemens: il eſt à propos de parler avant toutes choſes de ces Conſeils; des perſonnes qui les compoſent; des temps auſquels ils ſe tiennent, & de toutes les choſes qu'on y obſerve. Il y a des Aſſemblées generales & des Aſſemblées particuliéres; des Conſeils qui regardent ſimplement le civil, & d'autres qui ſont pour le criminel: & tous ſont tenus par l'ordre de Sa Majeſté, & par les ſoins de l'Adminiſtrateur General. Les Aſſemblées generales ſe tiennent en ſa preſence, en celle du Directeur, du Gouverneur, du Lieutenant de Roy, & de pluſieurs autres Officiers qui y ont ſéance par leur employ, & dont nous avons parlé cy-devant. Sa Majeſté a nommé encore pluſieurs autres perſonnes pour aſſiſter à ces Conſeils, comme le Colonel, le Lieutenant Colonel, le Sergent-Major des Gardes Françoiſes, & pluſieurs autres perſonnes conſiderables dénommées dans l'Edit: afin que comme cét Hoſtel eſt deſtiné pour toutes les troupes, tous leurs Chefs puſſent contribuer ſelon leur prudence à former les Statuts, Reglemens & Ordonnances neceſſaires, tant à la juriſdiction, police, diſcipline & correction de tous les Habitans de cét Hoſtel, qu'à l'adminiſtration & au gouvernement de tous les biens.

On tient tous les ſamedis un Conſeil, auquel aſſiſtent le Directeur, le Gouverneur, le Lieutenant de Roy, le Major des Gardes Françoiſes, & autres nommez par Sa Majeſté: & là les Officiers de l'Hoſtel dont nous avons parlé, rendent compte de la revûë des Soldats, & de la dépenſe ordinaire & extraordinaire qui s'y fait. Le Prevoſt s'y doit trouver avec ſes Archers, pour garder les portes du Sallon où se tient le Conseil, & pour faire entrer les Officiers & les Soldats qui se sont presentez pendant la semaine pour estre reçûs. On y appelle ceux dont les emplois ou la profession contribuënt quelque chose à l'utilité de cette Maison, comme le Sommelier, le Chef de Cuisine, les Portiers, le Boulanger, le Boucher, le Tapissier, & autres, pour y rendre compte de leurs emplois. A la fin du Conseil, aprés que toutes choses ont esté examinées & reglées, on fait un arresté de tout ce qui a esté employé & consumé dans la Maison pendant la semaine, & un état des Officiers Invalides qui ont esté nouvellement reçûs. Le Directeur & le Gouverneur signent cét état, dont on prend un extrait qu'on envoye à l'Administrateur General, pour en informer Sa Majesté. On tient un autre Conseil au commencement de chaque mois, qui est une recapitulation des quatre autres qui se sont tenus pendant le mois précedent, & dans lequel on ajoûte ce qu'il y a de nouveau, avec les mesmes formalitez que nous venons de décrire. A la fin de chaque quartier, c'est-à-dire, tous les trois mois, on en tient encore un autre, où il se fait une recapitulation generale de tout ce qui a esté fait pendant ce temps, & un arresté de tout ce qui a esté fourni & payé pendant ce quartier pour les ouvrages, entretenemens & appointemens des Officiers commensaux de la Maison; & au commencement de chaque année il se fait encore une semblable recapitulation de toute l'année précedente. Outre ce Conseil on tient tous les ans une Assemblée generale, où preside l'Administrateur General, accompagné de tous ceux qu'a nommez Sa Majesté, ainsi que nous venons de dire. Là, le Tresorier & Receveur General, en presence de tous, lit tout haut les états de tout ce qui s'est fait depuis la derniére Assemblée generale jusqu'à ce jour-là; & tandis qu'il fait la lecture de toutes les sommes qu'il a reçûës, & les payemens qu'il a faits, l'Administrateur General voit si sa recepte & sa dépense sont conformes aux arrestez qui luy en ont esté donnez à la fin de chaque semaine, & aux piéces justificatives qu'il en produit. Enfin, outre tous ces Conseils qui ne regardent que les affaires civiles, on en tient un autre, quand l'occasion se presente, qui est un Conseil de Guerre pour les matiéres criminelles, & pour condamner les Officiers & Soldats convaincus de quelque crime. Ce Conseil s'assemble par l'ordre de l'Administrateur General sur les avis que luy donnent le Directeur & le Gouverneur, lequel choisit, conjointement avec le Lieutenant de Roy & le Major un certain nombre des Officiers Invalides les plus considerables: & tous aprés avoir écouté le rapport du procés intenté à la requeste du Major, & avoir interrogé l'accusé sur les faits à luy imputez, sur les preuves & les dépositions qu'on en a, ils jugent à la pluralité des voix, que le Prevost a soin de recueillir, & sur lesquelles il dresse une Sentence qui est executée sans appel.

Pour ce qui regarde les Reglemens qui ont esté faits à diverses fois dans ces Assemblées, nous ne mettrons icy que la teneur des principaux, estans tous imprimez & affichez en plusieurs endroits de l'Hostel, & rendus publics par ce moyen. Premiérement il faut, pour entrer dans cét Hostel en qualité d'Officier Invalide par vieillesse, avoir servi dix ans de suite en cette qualité, ou ayant pareil nombre d'années comme simple Cavalier, avoir fait quatre Campagnes dans les Gardes du Corps, ou avoir esté estropié dans le service. Pour les Soldats, on ne fait aucune difficulté de les recevoir, quand ils ont esté estropiez dans quelque occasion, & qu'ils en rendent bon

bon compte, ſans avoir égard au temps qu'ils ont ſervi. Mais s'ils n'ont autre incommodité que la vieilleſſe, il faut qu'ils ayent au moins dix années de ſervice modernes & conſecutives, & qu'ils rendent compte de toutes les occaſions où ils ſe ſont trouvez: ſinon on les renvoye avec quelque argent, pour leur donner le moyen de ſe retirer chez eux. Il faut aprés avoir eſté reçû dans le Conſeil ordinaire, aller trouver le Major, comme nous avons déja dit, pour avoir un logement; recevoir enſuite du Garde-meuble le linge neceſſaire; & prendre du Contrôlleur les autres commoditez dont on a beſoin. Enfin, les nouveaux-venus ſont obligez de demeurer ſix ſemaines dans l'Hoſtel ſans ſortir, afin que les Miſſionnaires qui y ſont établis, ayent le loiſir de les inſtruire, & qu'eux-meſmes puiſſent mieux s'accoûtumer à tous les exercices de la Maiſon. Secondement, il eſt permis aux Officiers tant Invalides que domeſtiques, de porter leurs épées en tout temps & en tout lieu, ſoit dedans, ſoit dehors la Maiſon. Il eſt expreſſément défendu à tous Sergens, Cavaliers & Soldats Invalides, d'entrer dans l'Hoſtel avec leurs épées, ni aucunes autres armes, non plus que d'en avoir dans leurs chambres, ſur peine de confiſcation pour la premiére fois, & de priſon en cas de récidive. Quant aux Soldats des Compagnies, il leur eſt permis de porter les épées dans toute l'étenduë de l'Hoſtel, pendant qu'ils ſont de garde. Troiſiémement, il eſt expreſſément défendu de jurer & blaſphemer le ſaint nom de Dieu. Et comme ce crime eſt le plus deteſtable, il eſt le plus rigoureuſement puni; & quiconque le commet, eſt mis à la gruë trois jours de ſuite, avec un écriteau honteux, pour la premiére fois: ſi l'on recommence ces blaſphémes, on y eſt mis beaucoup plus long-temps; & ſi l'on y retombe juſqu'à trois fois, on a la langue percée, on eſt dépoüillé du juſte-au-corps, enſuite chaſſé pour toûjours. Il eſt défendu de s'enivrer & de découcher de la Maiſon, ſur peine d'eſtre mis en priſon pendant huit jours, & enſuite vingt-deux jours à la table des Beuveurs d'eau, ſans avoir de vin, duquel les Archers profitent. Il eſt défendu à tout Invalide de prendre ou de vendre des hardes de la Maiſon, ſoit les ſiennes, ou celles de ſes camarades; & aux autres de les acheter, ſur peine d'eſtre foüetté par la main de l'Executeur, & marqué de la Fleur-de-lis en cas de recidive. Il n'eſt pas non-plus permis de faire des menaces, de donner des démentis, de quereller, de ſe battre, de dire des inſolences, ſur peine de la priſon ou du cachot; comme auſſi de frequenter ou d'introduire dans la Maiſon des filles de débauche, ſur peine d'eſtre mis avec celle qui aura eſté ſurpriſe, ſur un chevalet de bois qui eſt dans l'avant-court, à la vûë de tous ceux de la Maiſon & des paſſans. Il eſt auſſi défendu à qui que ce ſoit de l'Hoſtel de vendre du vin, de l'eau de vie, du tabac, ou autre choſe pareille, ſoit en dedans, ſoit en dehors. Quatriémement, il eſt défendu de faire aucune choſe contre la propreté de la Maiſon, comme d'écrire contre les parois; de jetter, ſoit de jour, ſoit de nuit, quelque choſe de ſale par les feneſtres, ſur peine aux contrevenans d'eſtre privez de vin pour un mois, auſſi-bien que ceux de la chambre qui manquent d'en donner avis; comme auſſi de laiſſer des ordures dans leur chambre, ſur peine de privation de vin pour huit jours à tous ceux qui logeront dans cette chambre: & il n'eſt pas permis de fumer dans d'autres lieux que ceux qui ſont deſtinez à cét uſage. Cinquiémement, il eſt défendu de joüer à quelque jeu, & en quelque lieu que ce puiſſe eſtre, les Dimanches & les Feſtes pendant le Service, ſur peine d'eſtre mis en priſon, & nourri au pain & à l'eau pendant huit jours; d'avoir du feu ou de la chandelle allumée aprés la derniére retraite du soir, sur les mesmes peines; de porter dans les chambres aucune vaisselle ni autre chose des Refectoirs & des Offices. Sixiémement, il est expressément défendu aux Soldats qui ont la permission de sortir, de mendier dans la ville, dans les maisons, ou en quelque autre lieu, ou sous quelque pretexte que ce soit, d'avoir aucun commerce avec des filles abandonnées, des filoux, des joüeurs, & autres gens de mauvaise vie; d'aller dans les tabacs & autres lieux de desordre, sur peine d'estre mis à l'Hospital General, ainsi qu'il est porté par l'Ordonnance de Sa Majesté du 28. Janvier 1676. où il est dit, que les Soldats Invalides qui ne veulent point se réduire à vivre dans l'ordre & dans la discipline qu'on observe dans l'Hostel, ou qui sont pris demandant l'aumosne dans la Ville & Banlieuë de Paris, seront renfermez dans l'Hospital General, sans que les Administrateurs puissent refuser tous ceux qui leur seront envoyez par le Gouverneur de l'Hostel Royal, ny mesme les renvoyer sans ordre exprés. Il est aussi défendu à tous Invalides qui sont habituez dans l'Hostel, de suivre sous quelque prétexte que ce puisse estre, les personnes de dehors qui sont attirées par curiosité à venir voir l'Hostel, & s'y promener, & de leur demander quelque chose, à peine d'un mois de prison. Et afin que ce Reglement soit mieux observé, il est enjoint au Prevost d'aller avec ses Archers de temps en temps dans tous les lieux de l'Hostel, pour remarquer ceux qui y contreviennent, & les mettre en prison au mesme instant.

CHAPITRE IV.

De l'entretenement des Invalides.

TOUT le monde sçait que l'entretenement de l'homme consiste en son logement, en son vestement & en sa nourriture. Pour ce qui regarde les Officiers superieurs de la Maison, il est proportionné à leur qualité, & consiste en appartemens, en offices, en écuries, en remises de carosses, en jardins, & autres lieux necessaires & convenables à leur employ. Ceux qui ont de moindres Charges, comme le Major, Secretaire, Commissaire & Contrôlleur, & autres Officiers commensaux, ont chacun deux chambres à cheminée, & chacun une suffisante provision de bois que la Maison leur fournit. Quant aux Officiers Invalides, ils sont ordinairement deux à deux dans une chambre aussi à cheminée, garnie de deux lits avec leurs rideaux de serge jaune, d'une paillasse, d'un matelas, d'un traversin de plumes, de deux draps, de deux couvertures, & des autres choses necessaires. Ils ont aussi des poësles dans deux Salles particuliéres qui leur servent de chauffoir, où l'on allume le feu depuis le premier jour de Novembre jusques au dernier de Mars ensuivant. Les Soldats ont chacun un lit garni de mesme, excepté qu'il est sans rideaux, & logent dans une grande chambre meublée de toutes ses commoditez, quatre à quatre, ou six à six, selon la grandeur du lieu. Un Tapissier est obligé d'entretenir les meubles de ces chambres, & aucun Soldat ne peut avoir congé de s'absenter quelque temps de la Maison, que le Sergent de garde n'ait fait une visite exacte de toutes les choses dont l'Invalide qui veut sortir, a l'usage, & n'ait témoigné au Major pour en informer le Gouverneur, qu'il n'y manque rien. Comme il seroit trop difficile d'avoir des cheminées dans toutes les chambres des Soldats, & qu'il faudroit une prodigieuse quantité de bois, l'on a mis huit poësles dans autant de grandes Salles particuliéres, où il y a toûjours un grand feu pendant l'hiver depuis six heures du matin jusques à dix du soir. De ces huit poësles il y en a deux de destinez pour ceux qui veulent fumer, de peur d'incommoder les autres qui ne peuvent souffrir l'odeur du tabac. Leur vestement que la Maison fournit, est un chapeau noir, un juste-au corps de drap de Berry bleu, avec une culotte grise de mesme étoffe, une camisolle de peau passée en chamois, une bonne paire de bas gris de laine, & une bonne paire de souliers. Pour ceux qui n'ont qu'une jambe, ou un pied, on leur donne des moignons & jambes de bois garnies par en bas de cuir & de feutre, afin qu'ils ne glissent pas si facilement. On ne donne aux nouveaux-venus que deux garnitures de linge en entrant, & les souliers huit jours aprés leur reception: car ils ne sont habillez qu'aprés qu'ils ont demeuré six semaines dans la Maison sans sortir, pendant lesquelles ils font une espece de Noviciat avec l'habit qu'ils ont apporté de l'armée. Je ne distingue pas icy les Officiers, des simples Cavaliers & Soldats, parce qu'ils ont les mesmes habits, qui doivent durer le mesme temps. S'il y a quelque difference, c'est en ce que l'étoffe est un peu mieux choisie, & que sur les coutures du juste-au-corps il y a un galon d'argent qui fait toute la distinction. Ils ne peuvent ny les uns ny les autres, sur peine de punition, vendre, engager ny changer leurs habits pour en avoir de moindres, à moins que le temps qu'ils doivent durer, ne soit expiré: aprés quoy ils peuvent en disposer comme de leur propre. C'est pourquoy afin de les contenir dans le devoir & dans une juste crainte, Messieurs les Directeurs ont trouvé à propos de faire une revûë generale tous les trois mois, pour voir & examiner si chacun a ses hardes complettes & en bon état, ou s'ils n'en ont point fait un mauvais usage.

Pour la nourriture, les Officiers Invalides qui sont à present environ six-vingts, ont leurs Refectoirs séparez, comme nous avons dit, & des tables differentes, estant de figure ovale avec des siéges mobiles, chacune composée de douze couverts, avec une tasse, une cuilliére, une fourchette d'argent marquée aux armes de la Maison. Chaque table est servie les jours gras à disner de trois grands potages suivis d'une entrée & de deux grands plats de bouïlli, aprés quoy l'on leur donne un dessert suivant la saison. Ils doivent avoir chacun un pain blanc de neuf onces, & une chopine de vin à chaque repas. A souper ils ont deux plats de rosti, un ragoust, une salade & du dessert. Les jours maigres ils sont traitez en poisson & autre chose, avec la mesme abondance, & on leur porte tous les matins dans leurs chambres à déjeûner un demi-septier de vin & un petit pain de quatre onces à chacun. En Caresme on leur sert à la collation trois ou quatre sortes de choses à la fois. Il est bon de sçavoir que les Officiers doivent avoir vingt-deux onces de pain blanc par jour; mais le pain du disner & du souper, qui devroit estre de neuf onces chacun, ne pese que huit, à cause du déchet d'avoir réduit le pain qu'on leur donnoit autrefois en morceaux, en trois petits pains entiers, pour la propreté & commodité de chacun. Et pour faire connoistre qu'ils en ont suffisamment, il reste à chaque repas plus de dix ou douze livres de pain, qu'un valet des Refectoirs leve de dessus les tables des Officiers, aprés qu'ils sont sortis des Refectoirs. Ces restes servent pour les potages. Il y a soixante Commensaux ou environ, dont les principaux Officiers sont traitez pour la nourriture sur le pied des Officiers Invalides, & le reste des domestiques commensaux ont cinq quarterons de viande, vingt-deux onces de pain bis-blanc, & trois demi-septiers de vin chacun par jour. A l'égard des Soldats, ils sont quatre ou cinq cens dans chaque Refectoir : chacun a sa place, & sa portion reglée. Ils ont un pain demi-blanc, qui pese quarante-quatre onces pour deux jours, un demi-septier de vin à disner, & autant à souper, du sel chacun par mesure, & une livre de viande chacun par jour. On leur sert dans des plats de quatre en quatre deux livres de viande à disner, & autant à souper, & à proportion à trois, à deux & à un, quand il se rencontre, sçavoir du boüilli le matin, & le soir du bœuf à la mode : d'autres ont du rosti, chacun à leur tour. Les jours maigres, excepté le Caresme, on leur sert à chacun trois œufs ou d'autres choses, suivant la saison. Le Caresme ils ont les Dimanches à disner un plat de saulmon, de moruë ou de merluche, & le soir un plat de féves ou de pois quatre à quatre, avec un haran à chacun ; & pour collation les jours de jeûne un quarteron de fromage à chacun. Et comme ils ne jeûnent que le lundy, le mercredy & le vendredy de chaque semaine, les Quatre-Temps & Vigiles, les autres jours on leur sert à quatre un plat de féves, de pois ou de lentilles avec quatre harans autour. Dans le cours de l'année ils ont quatre jours de regale ; sçavoir les Festes de Saint Loüis, de Saint Martin, des Rois, & le Mardy-Gras, ausquels jours ils ont double ordinaire ; & les Officiers sont traitez plus splendidement.

CHAPITRE V.

Des exercices des Invalides.

LE travail est aussi naturel à l'homme, que le vol à l'oiseau, dit l'Ecriture ; & l'oisiveté est la source de l'indigence, & l'école de tous les vices. C'est pourquoy le sage Fondateur de cét Hostel a voulu que les Invalides pussent, en évitant les desordres de l'oisiveté, travailler pour leur utilité, & tirer de leur travail un gain capable de les attacher d'eux-mesmes à la Maison, & de contribuer à la subsistance de leurs familles, quand elles sont dans la necessité. Ainsi la prudence de nostre Monarque a remedié par ces exercices à tous les desordres, dont estoient capables des Soldats errans, vagabons & sans employ ; & sa bonté toûjours ingenieuse pour le soulagement de ses sujets, a trouvé le secret non seulement d'entretenir de toutes choses les pauvres Soldats de son Royaume, mais de faire encore subsister leurs femmes & leurs enfans, en facilitant à ces Invalides les moyens d'épargner quelque chose par leur travail. Mais comme ce ne sont pas là les seuls exercices qui se pratiquent dans l'Hostel, nous reduirons toutes les occupations des Invalides à trois choses, qui sont les exercices de devotion, ceux de la guerre, & ceux des arts.

Pour ce qui regarde les exercices de devotion, les Missionnaires accompagnent leur zéle de tant de prudence & de tant de douceur, qu'élevant peu à peu les Soldats à la perfection Chrestienne, ils nous ont fait connoistre que le Christianisme & la Guerre n'estoient pas incompatibles, & qu'on peut estre tout ensemble bon Soldat & Chrestien parfait. Car outre les devoirs qu'un bon Catholique rend à sa Paroisse, dont les Invalides s'acquittent

tent exactement, comme nous avons déja dit, on fait tous les jours la Priére soir & matin, à laquelle tout le monde doit se trouver, excepté ceux de la Religion Pretenduë Reformée. Quoy-qu'on n'oblige de frequenter les Sacremens qu'aux quatre principales Festes de l'année, mais sur tout par un devoir indispensable au temps de Pasques; neanmoins la plufpart des Invalides s'en approchent tous les mois, plusieurs tous les quinze jours, quelques-uns mesme toutes les semaines. On a déja dit qu'en entrant dans cét Hostel on estoit un mois, ou un mois & demy sans sortir, afin de se mieux instruire des mysteres de la Foy, & de se bien preparer à une confession generale. On fait tous les huit jours des conferences sur l'oraison mentale, sur la vocale, ou sur quelque autre sujet de pieté, le plus propre à l'instruction & à la portée de ceux qui y assistent. On fait des exhortations & des lectures spirituelles trois fois la semaine dans les Infirmeries, dans les Salles & dans les Manufactures. Enfin on y cultive une pieté qui n'a pas assez d'austerité pour rebuter l'humeur indocile des Soldats, & qui a cependant toute l'exactitude necessaire à un veritable Chrestien.

A l'égard des exercices militaires, quoy-que les Invalides ne les pratiquent pas avec toutes les fatigues qu'ils faisoient autrefois dans les armées; que ce lieu puisse aussi bien estre appellé le Temple de la Paix, que l'Hostel de Mars; & quoy-qu'ils ayent perdu leurs membres & leur vigueur: ils ont toûjours conservé cette ardeur guerriére qui se renouvelle par le souvenir des siéges & des batailles où ils se sont signalez, & par les exercices qui se font aussi reguliérement dans cét Hostel, que dans la Place de guerre la mieux gardée. Les moins invalides d'entre eux ont esté choisis, & on en a fait quarante-cinq Compagnies, dont chacune est composée de vingt-cinq Soldats, dans lesquelles il y a deux Sergens commandans, deux Caporaux pour poser les sentinelles, deux pour leur aider, & deux pour faire la ronde toutes les nuits, suivant les postes de chaque Compagnie; & les dix-sept restans sont les factionnaires. On détache tous les jours ouvrables cinq de ces Compagnies à une heure & demie pour monter la garde, & les Festes & Dimanches à une heure & un quart, pour leur donner le temps d'assister à l'Office Divin, & relever les cinq autres qui doivent la descendre. De ces cinq il y en a une qui est commandée au Corps-de-garde de l'avant-court sur le grand chemin, & les quatre autres sont dans le Corps-de-garde de la Porte Royale; & ils reçoivent tous l'ordre du Major. Le Capitaine de la Compagnie qui est à la porte de l'avant-court, se tient tout le jour à son poste, & ne se retire qu'au commencement de la nuit, quand il n'a point reçû d'ordre contraire: mais l'un des quatre Capitaines qui sont au Corps-de-garde de la Porte Royale, est obligé de se tenir à son poste vingt-quatre heures durant, hors le temps des repas, & de répondre de tout ce qui se passe dans son Corps-de-garde, pendant que les trois autres Capitaines vont prendre le repos de la nuit.

Quant aux exercices des arts, il semble qu'on ait voulu pratiquer dans l'Hostel Royal des Invalides ce que l'Antiquité nous apprend des Egyptiens, qui avoient une loy, par laquelle il estoit enjoint à tous les sujets & étrangers habitans dans leur Royaume, de se faire enregistrer par le Prefet de chaque Province, avec les qualitez, la demeure, le bien & l'employ de chacun. Car aussi-tost qu'on établit des Manufactures dans l'Hostel, on fit plusieurs revûës & examens de tous les Soldats; & aprés avoir connu la force, l'adresse, l'inclination & la profession de chacun d'eux, on leur donna toutes les choses necessaires; & on les plaça dans les lieux les plus commodes aux arts qui leur estoient propres. Celuy qui est commis pour les Manufactures qui se devoient fabriquer dans la Maison, eut ordre de fournir toutes les machines, métiers & instrumens propres & necessaires à toutes sortes d'arts; & il fut enjoint au Tresorier de cét Hostel de faire toutes les avances, & d'établir un fonds suffisant pour acheter toutes les choses qui servent de matiére aux ouvrages. Les Invalides ont profité de ces avantages avec tant de succés, que le Roy voulut pour seconder leur zéle, qu'on se servist d'eux pour tous les ouvrages de la Maison, en les payant comme des ouvriers externes, & qu'ils pussent debiter librement leurs ouvrages dans Paris, de façon que ces Soldats tirent des profits tres-considerables de leur travail; qu'ils ont fait plusieurs balots d'habits, de linges & de chaussures pour l'Armée; que les Marchands mesmes de Paris remplissent à present leurs boutiques de leurs marchandises, & que Sa Majesté n'a pas dédaigné, toutes les fois qu'elle est entrée dans cét Hostel, de leur donner son approbation; & a commandé à quelques-uns de faire certains ouvrages: comme aux Tapissiers de continuer le dessein d'une tapisserie façon de Levant, où l'on voit plusieurs trophées d'armes élevez à la gloire de LOUIS LE GRAND, qui est destinée pour la Salle du Conseil de l'Hostel. Et mesme la derniére fois qu'elle y est venuë, on luy fit voir des livres d'Eglise travaillez par des Invalides manchots. Elle les trouva si beaux, qu'elle voulut qu'ils en fissent de semblables pour sa Chapelle de Versailles.

Ainsi, l'Hostel Royal des Invalides soit par la magnificence de sa structure, soit par la commodité de ses appartemens, soit par la richesse de ses revenus, ou par le bon ordre de son gouvernement, procure toutes sortes d'avantages aux Guerriers qui ont contribué au glorieux succés de nos armes. Et les faineans & les paresseux, s'il y en a quelques-uns dans ce Royaume, n'ont plus de pretexte pour s'exempter de servir nostre invincible Monarque, puisque la Victoire attachée à ses pas, comble de gloire & d'honneur ceux qui le suivent; & que sa magnificence donnant un Louvre pour demeure à ses Soldats, (comme s'ils estoient autant de Princes) leur y fait goûter un repos accompagné de toutes les commoditez & de toutes les douceurs qu'on peut souhaiter. De sorte que quand les François renonceroient à cette humeur martiale & à cette valeur naturelle qui les fait voler aux combats pour la seule gloire, ils y courront à present pour leur propre interest, & les moins braves iront à l'armée, pour joüir ensuite des fruits de leurs travaux, & des recompenses de leurs peines. Enfin, il ne nous reste plus rien à souhaiter aprés un établissement si avantageux, sinon qu'en mesme temps que la sagesse & la puissance du plus grand des Rois a donné à ses troupes des logemens & un palais qui doit passer pour le Temple des vertus militaires & chrestiennes, le zéle & la reconnoissance de ces Guerriers dressent aussi un temple dans leurs cœurs, pour y presenter sans cesse des vœux au Ciel pour la prosperité de nostre Monarque, pour la conservation de sa Famille Royale, pour l'heureux succés de ses armes, & pour l'immortalité de son nom: puisque si le Ciel a destiné ces Guerriers au bonheur de la Patrie, & s'ils ont employé leurs soins à élever les François au dessus de toutes les autres Nations; ces Soldats ont eu l'avantage de combattre pour un Roy, dont le pouvoir & la bonté ne laisse jamais d'intervalle entre le service & la recompense; & que si leur courage les a mis en état de ne rien craindre, sa justice & sa piété les a mis en état de ne rien desirer.

FIN.

PRIVILEGE DU ROY.

LOUIS PAR LA GRACE DE DIEU, ROY DE FRANCE ET DE NAVARRE, DAUPHIN DE VIENNOIS, COMTE DE VALENTINOIS ET DIOIS, COMTE DE PROVENCE, FORCALQUIER, ET TERRES ADJACENTES: A nos amez & feaux les Gens tenans nos Cours de Parlement, Maistres des Requestes ordinaires de nostre Hostel, Baillifs, Seneschaux, Prevosts, Juges, leurs Lieutenans, & tous autres nos Justiciers & Officiers qu'il appartiendra, SALUT. Nostre cher & bien amé le sieur le Jeune de Boullencourt, cy-devant Secretaire de nôtre Hostel Royal des Invalides, Nous a representé que par nos Lettres Patentes du huitiéme May 1680. Nous aurions accordé au feu sieur........la permission de faire graver & imprimer les Desseins, Plans & Elevations tant Geometriques qu'en Perspectives & Vûës de nostre Hostel Royal des Invalides & de ses dépendances: lesquels ouvrages n'ayant pû estre finis du vivant dudit........ledit de Boullencourt Nous auroit tres-humblement supplié de luy vouloir accorder le Privilege & permission de mettre à execution ces ouvrages, & de faire achever ce qui reste à graver desdits Desseins, Plans & Elevations tant Geometriques qu'en Perspectives & Vûës de nostredit Hostel & de ses dépendances, & d'y joindre un Recueil qu'il a fait des Statuts, Reglemens & autres pieces concernant l'établissement dudit Hostel, & iceux exposer en vente, & distribuer par telle personne qu'il jugera à propos pendant le temps de vingt années. Et desirant gratifier & traiter favorablement ledit sieur de Boullencourt en consideration de ses services, & contribuer à l'achevement d'un dessein si utile, & qui sans cela demeureroit imparfait: A CES CAUSES, Nous avons permis & accordé, permettons & accordons par ces Presentes signées de nostre main audit sieur de Boullencourt, le pouvoir & faculté de faire graver & imprimer par tel Graveur & Imprimeur qu'il voudra choisir, en telle grandeur, caractere & forme que bon luy semblera tant les Plans, Elevations, & Profils Geometriques & en Perspectives dudit Hostel Royal des Invalides & de ses dépendances, que les Statuts, Reglemens, & autres pieces concernant l'établissement dudit Hostel, & l'ordre, police & discipline qui s'y gardent, & iceux faire exposer en vente, & distribuer par telles personnes qu'il jugera à propos, pendant le temps de vingt années consecutives, à commencer du jour que lesdits ouvrages seront mis en lumiere, faisant défenses à tous Graveurs, Imprimeurs, Marchands & autres quels qu'ils puissent estre de s'ingerer de faire graver, imprimer, vendre & distribuer lesdits Plans, Elevations, Perspectives & Imprimez concernant ledit Hostel, en aucuns lieux de nostre Royaume & pays de nostre obeïssance, ni d'en contrefaire les Planches, ou d'en faire d'autres de quelque grandeur & maniere que ce soit concernant ledit Hostel & ses dépendances, pour quelque cause & sous quelque pretexte que ce soit, sans le consentement dudit Exposant, où de ceux qui auront son droit ou pouvoir & charge de luy, à peine de confiscation desdites Planches & exemplaires, & de deux mille livres d'amende, applicables un tiers au profit de l'Hospital General de nostre Ville de Paris, un tiers à celuy du dénonciateur, & l'autre tiers au profit dudit Exposant ou du Graveur & Imprimeur par luy choisi, & de tous dépens, dommages & interests. SI VOUS MANDONS, & enjoignons de faire joüir ledit Exposant & ses ayans cause du contenu en cesdites Presentes pleinement & paisiblement, cessant & faisant cesser tous troubles & empeschemens au contraire. Commandons au premier nostre Huissier ou Sergent sur ce requis de faire pour l'execution des Presentes tous exploits & significations necessaires, sans pour ce demander autre permission. De ce faire luy avons donné & donnons pouvoir par cesdites Presentes, nonobstant Clameur de Haro, Chartres Normandes, prise à partie, & autres choses à ce contraires. CAR TEL EST NOSTRE PLAISIR. Donné à Versailles le 6. jour du mois de May 1683. & de nostre regne le quarantiéme. Signé, LOUIS. Et plus bas: Par le Roy Dauphin, Comte de Provence, LE TELLIER, avec paraphe. & scellé du grand seau de cire rouge.

Achevé d'imprimer pour la premiere fois le 22. Juin 1683.

A PARIS, De l'Imprimerie de GABRIEL MARTIN, ruë S. Jacques, au Soleil d'or.

M. DC. LXXXIII.

www.ingramcontent.com/pod-product-compliance
Ingram Content Group UK Ltd.
Pitfield, Milton Keynes, MK11 3LW, UK
UKHW021010180726
13838UKWH00004B/1502

9 782329 45435